浙江省社科规划课题成果（科普读物）
课题编号：24KPDW04YB

品宋

瓷色千年开宋风

邓禾颖 著

浙江摄影出版社
全国百佳图书出版单位

责任编辑：刘　波
装帧设计：李腾月
责任校对：王君美
责任印制：汪立峰

图书在版编目（CIP）数据

瓷色千年开宋风 / 邓禾颖著 . -- 杭州 : 浙江摄影出版社 , 2024.12
（品宋）
ISBN 978-7-5514-4687-7

Ⅰ . ①瓷… Ⅱ . ①邓… Ⅲ . ①瓷器 (考古) – 介绍 – 中国 – 宋代 Ⅳ . ① K876.3

中国国家版本馆 CIP 数据核字 (2023) 第 181679 号

瓷色千年开宋风
CI SE QIANNIAN KAI SONG FENG
邓禾颖　著

总策划：浙江大春传媒有限公司
出品：杭州紫金港文化传播有限公司
统筹执行：南宋书房
全国百佳图书出版单位
浙江摄影出版社出版发行
地址：杭州市环城北路 177 号
邮编：310005
网址：www.photo.zjcb.com
制版：壹品设计工作室
印刷：浙江全能工艺美术印刷有限公司
开本：710mm × 1000mm　1/16
印张：12.75
2024 年 12 月第 1 版　　2024 年 12 月第 1 次印刷
ISBN 978-7-5514-4687-7
定价：168.00 元

序 言

我们通常所说的陶瓷，其实是陶器和瓷器的合称。它们在制作原料、烧成温度和理化性能等方面都有着本质的区别。

陶器为世界文明所共有。人类文明进入新石器时代后，制造陶器成为一种普遍现象。而瓷器则是中国人的独特创造，在五千年中国传统文化庞大体系中，瓷器扮演着重要的角色。

大约在距今两千年前的东汉晚期，世界上最早的成熟瓷器——青瓷在浙江宁绍平原一带烧制成功，人们敬称她为“母亲瓷”。

在此后相当长的时间里，青瓷基本处于一统天下的地位。直到隋唐时期，随着北方精美白瓷的出现，制瓷业呈现“南青北白”的局面，南方以越窑青瓷为代表，北方则以邢窑白瓷著称。唐朝时的中国是当时世界上少有的文明昌盛之大国，此时的瓷器制品已由宫廷和达官贵人使用的高档消费品，转变为老百姓皆可使用的普通用品，除了青瓷和白瓷，还有花釉、绞胎、黄釉、黑釉以及三彩等多种产品。

宋代，中国制瓷业进入空前繁荣期。由于国家减轻了赋税，人们得以休养生息，社会比较安定，尤其是商品经济的快速发展和商业城市的大量涌现，推动了手工业的全面繁荣。人口的迅速增长、人们生活发生的种种变化都使瓷器的需求量大大增加。

两宋时，南北窑场林立。从事商品生产的民间窑场有如雨后春笋般兴起，各窑口在造型、釉色、装饰技法与烧造技术上既相互仿效又各自创新，呈现出百花齐放的作品风格和崭新的艺术境界，也开创了宋代瓷业的新格局。其中最为典型的是中国瓷业出现的“文野之别”。

自晚唐、五代开始，一些民间优秀窑场都曾经向宫廷进贡瓷器，称为“贡瓷”，其特点是有命则供、无命则止。宋代，随着皇室对瓷器需求量的不断增加，“贡瓷”制度显然已无法满足朝廷的无限奢求，一种新的窑业制度——官窑应运而生。史料记载，北宋徽宗朝首设官窑烧造陶瓷，专供宫廷享用，史称“北宋官窑”。宋室南迁后，又沿袭北宋旧制重设官窑，即“南宋官窑”。

作为御用之瓷，官窑瓷器除了具有皇家礼仪上的特殊属性之外，也是宫廷生活的主要用瓷之一。其制作生产汇集了当时最优秀的工匠，不惜工本、精益求精，展现出最高水平的陶瓷烧造工艺。同时，作为官窑产品，在审美上必须符合统治者的品位，器物造型简洁流畅，古朴端庄；在特殊场合使用，产品形制又有严格的规范和要求。

相较而言，民窑生产的大都是大众日常使用的产品，在生产中既要控制成本，又要关注瓷器的适销度。虽然其中也不乏质量上乘的精品瓷，以满足宫廷及上层人士的需求，但大部分产品面貌质朴。为了使产品能得到市场的广泛认可，各窑场会积极学习和采用新的工艺技术和装饰手法，尽可能地适应民众的需求。

瓷器的造型及审美也是一个时代物质风尚和精神文化的反映。北宋时开始兴盛的复古之风推动了当时社会仿古之风的盛行。如果说，铜器是宋人追三代礼制以及尚古的动机与源头，那么瓷器则由于生产的普及性以及更加低廉的价格，使得其仿古产品更多成为具有普通大众使用价值的尚古审美的延伸品。在定窑、汝窑、官窑、景德镇窑、龙泉窑等窑口的产品中，不但有许多以古代青铜礼器和玉器为祖型的仿古瓷，也存在大量创新器型，如梅瓶、玉壶春瓶、纸槌瓶、琮式瓶等，从功能看有礼仪用瓷、陈设瓷、香具、花器、茶酒器等。这些瓷器，显示出宋代制瓷匠师不拘一格的巧思和杰出的创造才能。

明代宣德时期，礼部尚书吕震等人编撰的《宣德鼎彝谱》中有这样的记载："内库所藏柴、汝、官、哥、钧、定各窑器皿，款式典雅者，写图进呈。"[1]这是关于为今人所熟知的宋代名窑的最早记载。然而，在名窑广布南北的宋代，仅仅这几座名窑是不足以涵盖宋代瓷业的繁荣面貌的，故而如今又有了八大窑系之说，即越窑、耀州窑、龙泉窑、定窑、磁州窑、钧窑、景德镇窑和建窑。这些窑口以青瓷、白瓷、黑瓷等单色釉为主导，它们各具特色，彼此间在技艺和装饰上又互相融合，体现出南北相通的时代风尚和各自的地域文化风貌。

[1]《景印文渊阁四库全书》，台湾商务印书馆1986年出版。

邓禾颖

2023年1月

目　录

第一章
雨过天青汝窑瓷

一、何为汝窑

汝窑，因窑场在宋代汝州而得名。

南宋时期的藏书家周煇（1126—1198），晚年在隐居钱塘（今杭州）清波门时曾写下《清波杂志》一书。关于汝窑，他在书中有这样的描述：“汝窑宫中禁烧，内有玛瑙为油（釉）。唯供御拣退，方许出卖，近尤难得。”[1]我们从中可以得知，汝窑曾为北宋宫廷烧制御用瓷器，只有宫廷拣选退掉的瓷器才允许出卖，所以在南宋已属稀罕难得之物。这种御用拣选的方式正是御窑瓷器的初期模式。

[1] ［宋］周煇：《清波杂志》卷第五，《知不足斋丛书》本。

南宋著名诗人陆游（1125—1210）在《老学庵笔记》中记有：“故都时，定器不入禁中，惟用汝器，以定器有芒也。”[1]也说明了汝窑曾替代定窑进奉宫中的史实。

宋末元初时，词人周密为追忆南宋都城临安城市风貌，创作了《武林旧事》。书中记载了绍兴二十一年（1151）高宗赵构幸清河郡王张俊府第，张俊向其进奉 16 件汝窑瓷器的故事；同书还记载了淳熙六年（1179）高宗赵构游聚景园，园内陈设有天青汝窑瓶一件。这段记载足以说明，南迁后的宋朝皇室对汝窑瓷器的偏爱。

在古陶瓷界，常把这类宫廷御用的汝瓷称为汝官瓷。据考证，大约在宋徽宗崇宁、大观年间，北宋宫廷开始使用汝窑，其历史随着北宋王朝的覆灭（1127）而终结。由于烧造时间短促，传世品极为稀少。据不完全统计，目前散落于全世界见于著录的汝窑完整器只有 90 件左右，主要收藏在北京和台北两地故宫博物院、上海博物馆以及英国、美国、日本等地的公私机构，是宋代名窑中传世品最少的一个。

作为宫廷的御用瓷器，汝窑的制作显然要比同时期的民窑来得讲究。从传世品看，它的胎质非常细腻，胎色浅灰中略带黄色，颇似人们焚香时落下的香灰色，被后世的古董商形象地称为“香灰胎”；釉质滋润呈失透状，釉色匀净、绿中闪

[1] [宋] 陆游:《老学庵笔记》卷第二,《津逮秘书》本。

蓝，呈现一种淡淡的天青色，釉面大多开有细小的纹片。台北故宫博物院所藏的一件“汝窑青瓷水仙盆”（清代文献称之为“猫食盆”），是目前所知唯一一件没有开片的汝瓷。汝窑采用通体满釉、支钉支烧的裹足支烧技法，烧成后只在器底留下细小如芝麻的支钉痕，称为“芝麻铮钉”。支钉数依据器物的大小、轻重确定，一般为三至五枚，只有像水仙盆这样的椭圆器皿采用六个支钉。

汝窑常被视为宋瓷简约风格的代表作，因而明清两代论及宋代名窑瓷器，皆首推汝窑。附庸风雅的清代乾隆皇帝喜好在名窑瓷器上题诗，其中现存的汝窑御题诗就有 15 首之多，足见明清时期从皇帝到士大夫对汝窑的喜爱。对于这样一处宋代名窑，人们一直在苦苦寻觅其窑业遗存。

二、发现窑址

汝窑的发现颇费周折，前后历经半个世纪之久。早在 1931 年，就有日本人到河南临汝寻找汝窑；中华人民共和国成立后的二十几年间，河南当地及北京故宫的古陶瓷专家曾多次赴临汝一带考察，但都未能觅得窑址真面目。

1987 年 10 月和 12 月，河南省文物考古研究所对清凉寺汝窑遗址进行了首次勘探和试掘，发现了典型的汝窑标本并确定了窑址的大致范围，汝窑遗址所在地得到证实。在此后三十年的漫长岁月里，考古工作者一直没有放弃对窑址的勘探发掘，截止到 2017 年，清凉寺汝窑遗址一共进行了 14 次考古发掘，每一次发掘都有令人欣喜的收获。可以说汝窑传世品中的所有器类均能在窑址中找到。不仅如此，还发现了不少传世品中未见的新器型。

自古以来，我国南北各个窑场制作瓷器的原料都是就地取材。汝窑的天青色釉，是一种介乎蓝与绿之间的色调，就像雨过天晴乌云散去后露出的那抹颜色，显得幽玄而又静穆。这种别具一格的釉色形成，与釉料中掺入的玛瑙有很大关系。宝丰盛产玛瑙。宋代杜绾《云林石谱》汝州石条云："汝州玛瑙石出沙土或水中，色多青白粉红，莹澈少有，纹理如刷丝。其质颇大，堪治为盘、盒、酒器等，十余年来方用之。"[1]考古工作者在烧造区发现了几百块加工过的玛瑙碎石块，石质坚硬，颜色有红、黄、绿、白、蓝等，证明玛瑙石确是制作汝瓷的

[1] ［宋］杜绾：《云林石谱》，中华书局 2012 年出版。

特殊原料，这也印证了《清波杂志》"汝窑宫中禁烧，内有玛瑙为油（釉）"记载的真实性。

千年汝窑之谜得以破解。

元代有一部著名的史料笔记叫《南村辍耕录》，里面转录了南宋人叶寘的《坦斋笔衡》中有关宋代制瓷业官窑制度的文字："本朝以定州白瓷器有芒不堪用，遂命汝州造青窑器。故河北、唐、邓、耀州悉有之，汝窑为魁；江南则处州龙泉县窑，质颇粗厚。政和间，京师自置窑烧造，名曰官窑。"[1]这也是目前所知宋朝人关于官窑制度的唯一记载，文中所指的官窑即北宋官窑。

宝丰清凉寺窑址被发现后，关于它的性质，古陶瓷学界一直有两种不同的见解。一种把文献记载中的汝窑与北宋官窑合二为一，认为它就是北宋官窑；另一种则认为它属于贡窑性质，官窑另有所在。

三、汝瓷之美

宝丰清凉寺汝窑因产品制作精细，釉质温润含蓄，器形

[1] ［宋］叶寘：《坦斋笔衡》，《南村辍耕录》卷第二十九《窑器》，中华书局点校本，中华书局 1959 年出版。

图 1-01 北宋 汝窑青瓷盘
台北故宫博物院藏

端庄大方，在众多青瓷产品中脱颖而出，成为进奉北宋皇室的御用瓷器，也被后世的鉴赏家视为青瓷的典范。

汝窑瓷器最重要的特点，是不重纹样装饰，单纯以清淡优雅的釉色和简洁洗练的器形去表现美。（图 1-01）这种艺术风格的形成，不仅与宋代文人士大夫清淡质朴的艺术审美有关，而且与徽宗皇帝崇尚道教，追求朴素、自然的观念相契合。宋代统治者多尊崇道教，使得道教在宋代与佛教有着同样的地位和特权。宋徽宗赵佶对道教的崇奉尤为突出，他集天神、教主、皇帝于一身，这在历代崇道的皇帝中为独一个。道学以“静为依归”，崇尚自然含蓄、淡泊质朴的审美观，在道教仪式中，献给天神的祈祷词，称为“青词”，显然表现出道教对青色的崇尚。天青釉汝窑瓷器恰好是在徽宗时期烧成并进贡的，这表面看似巧合，实则体现出徽宗朝对含蓄沉静、清纯淡雅

图 1-02 北宋 汝窑天青釉碗
英国大维德基金会藏

审美观的刻意选择。（图 1-02）

目前所见传世汝窑器的造型主要有：盘、碗、洗、玉壶春瓶、鹅颈瓶、纸槌瓶、三足尊、三足承盘、茶盏托、椭圆形水仙盆、椭圆碟、荷花形温碗。其中椭圆形水仙盆和椭圆碟系汝窑独有的造型；汝窑碗则是明清时期景德镇御窑瓷器中“宫碗”样式的祖型。综观汝窑几次考古发掘的标本，有传世不见的各种香炉、梅瓶、盖盒、酒盏台子、双系方壶、双系圆壶、套盒、方盘、八方盘、莲瓣纹碗、莲瓣纹洗等等。从制瓷工艺观察，汝窑瓷器的胎都比较薄，一些盘、碗、洗类器物的壁与底几乎同等厚度，圈足均较高且向外撇，这显然是对浙江越窑和陕西耀州窑青瓷工艺的直接继承；而汝窑的制瓷工艺又对同期或稍后的高丽青瓷和南宋官窑的瓷业产生了重大影响。汝窑技艺的传承折射出宋代制瓷业承前启后的历史大环境。

青瓷盘在传世和遗址出土汝窑器中属最常见器型，一般为弧形圆壁，侈口，平行底，圈足微外撇，外底有三或五个支钉痕。多件青瓷盘盘底刻有乾隆皇帝的御制诗，这里选取两首共赏：

盘子径五寸，如规口面圆。出陶无髻垦，阅世独完全。冰裂纹隐约，铁钉迹属连。底心镌甲字，先得此同然。[1]

周尺将盈尺，宋瓷方是瓷。晨星真可贵，劫火未曾亏。薛暴宁须议，完全已足奇。穆然陈绨几，独切水圆思。[2]

传世的青瓷碗与盘相比数量少得多。这件碗（图 1-02），口、足外撇，腹部弧形线条流畅又富有张力，在温润釉色的映衬下，显得格外优雅从容。碗口镶嵌的一圈铜扣，似乎在告诉人们当年使用者的小心翼翼和万般不舍。器物内底刻乾隆皇帝楷书七言律诗一首："均（钧）窑都出修内司，至今盘多碗艰致。内府藏盘数近百，碗则晨星见一二。何物不可穷其理，碗大难藏盘小易。于斯亦当知惧哉，愈大愈难守其器。"[3]显然，自信的乾隆皇帝将此碗误认为是在修内司烧造的钧窑器。

水仙盆是仅见于汝窑的器型，椭圆形，平底，也有的接有四个云头形状的脚座，底部有六枚细小支钉痕。明代古物鉴

[1][2][3]林柏亭主编：《大观 北宋汝窑特展》，台北故宫博物院 2006 年出版。

图 1-03 北宋 汝窑青瓷无纹水仙盆
台北故宫博物院藏

赏家曹昭在《格古要论》中，对汝窑有“有蟹爪纹者真，无纹者尤好，土脉滋媚，薄甚亦难得”[1]的评鉴。这件天青釉无纹水仙盆（图 1-03），纯净的釉面不见一丝开片，配以轻盈挺拔的造型，堪称举世无双的绝世珍品，是台北故宫博物院镇院之宝。值得注意的是，在 2000 年清凉寺汝窑遗址发掘出土物中，考古人员清理出一些釉面未开片的残件，证明了无纹在汝窑烧造工艺上难度虽大，但也并非偶然现象。

水仙盆这个称谓其实是在近代才出现的，在清宫档案中有“笔洗”“猧食盆”“猫食盆”等不同记录，乾隆皇帝还曾于 1745 年下旨令景德镇御窑厂仿烧“汝窑猫食盆”。从徽宗到乾隆，中间隔了六百余年的漫长岁月，其称谓变迁的缘由我们不得而知，但当我们凝视着这样一件浑然天成、赏心悦目的艺术品时，分明能感受到古今风雅之士对汝瓷的喜爱和

[1] ［明］曹昭：《格古要论》卷下《古窑器论·汝窑》，《夷门广牍》本。

图 1-04 北宋 汝窑天青釉葵瓣式盏托
大英博物馆藏

着迷。

大英博物馆所藏的北宋青瓷盏托（图 1-04）作五瓣花式，中空，微微上扬的花瓣形托盘边沿与外撇的高圈足相呼应，增加了器物的挺拔感。整器呈现淡淡的青色，开有浅淡细小的纹片，圈足底部露出典型的香灰色胎。

盏托作为放置茶碗的配套用具，是流行于宋代的一种茶具样式，宋代喝的是用沸水充点的抹茶，茶碗用盏托盛放避免烫手，方便使用，较高的托口设计也是为了方便放置茶碗。瓷器中的越窑、耀州窑、定窑、钧窑、景德镇窑、南宋官窑都有烧制，但以汝窑烧造的茶盏托在形体上较为优美，其胎体厚薄处理和形体比例的协调近乎完美。除瓷器外，盏托还有金、银、漆、玛瑙等材质。

纸槌瓶盘口，长颈，折肩，筒腹，平底。施天青色釉，釉面滋润，有稀疏开片。制作规整，造型端庄。同类器型亦见于汝州张公巷窑、南宋官窑老虎洞窑址以及高丽青瓷。

纸槌瓶的原型可追溯到9至12世纪流行于伊朗和埃及等地的玻璃器皿，有学者研究认为这类瓶是用来装蔷薇水的。较多宋代文献都记载了北宋宫廷使用由西亚进贡的蔷薇水的史实，如《铁围山丛谈》卷五："奉宸库者，祖宗之珍藏也。政和四年……并奉宸俱入内藏库。……大食国蔷薇水虽贮琉璃缶中，腊密封其外，然香犹透彻……洒着人衣袂，经数十日不歇也。"[1]在1018年入葬的辽陈国公主的墓中曾出土了玻璃纸槌瓶，说明这类玻璃器最晚在11世纪初已进入宋朝北方境内，而目前所见陶瓷质地的纸槌瓶当以汝窑为最早。这也是汝窑在不长的烧造时间里，吸收、借鉴外来文化以丰富自身造型艺术的一个明证。（图1-05）

河南宝丰县清凉寺村出土的鸳鸯盖熏炉分为盖与炉两部分。（图1-06）盖顶落一鸳鸯，颈部羽毛细微可见，做张嘴状似在轻啼，实为出香口，盖面似莲蓬。炉身设计成浮雕形的仰莲纹，下承覆莲纹炉座，亦称鸭形熏，宋代颇为盛行，不仅有瓷质，也有铜质的，在文学作品中屡被提及。汝窑这类产品，

[1]［宋］蔡絛：《铁围山丛谈》，中华书局1983年出版。

图 1-05 北宋 汝窑天青釉纸槌瓶
宝丰清凉寺汝窑遗址出土
河南省文物考古研究院藏

图 1-06 北宋 汝窑天青釉鸳鸯钮熏炉盖（残）
宝丰清凉寺汝窑遗址出土
河南省文物考古研究院藏

图 1-07 北宋 汝窑青瓷莲花式温碗
台北故宫博物院藏

在耀州窑、南宋官窑和高丽青瓷中都有传承。宋人徐兢《宣和奉使高丽图经》记载:“狻猊出香,亦翡色也,上有蹲兽,下有仰莲以承之,诸器惟此最精绝。”[1]说的就是这种样式的高丽青瓷熏炉。

[1] [宋] 徐兢:《宣和奉使高丽图经》,商务印书馆 1937 年出版。

台北故宫博物院所藏的一件温碗,碗口呈十曲花瓣状,上丰下敛,直圈足,粉青色釉面密布细碎纹片,俯瞰宛若一朵盛开的莲花。(图 1-07)简洁流畅的线条,勾勒出一个饱满而富有张力的器型,是汝瓷高雅审美的代表作。

通常认为温碗是内装热水用来温执壶里的酒,直径通常略大于执壶,故称温碗。但因有的执壶和温碗之间缝隙过于狭小,稍微注入一些水便会漫溢,所以有人认为其只是单纯为了防止执壶中的酒烫手而配套使用。

温碗也称注碗，在宋金时期的墓葬中，它常和执壶（注子）、台盏成套出土。南宋孟元老在《东京梦华录》卷四中，回忆北宋汴京会仙酒楼提供给客人的饮酒器具：“大抵都人风俗奢侈，度量稍宽，凡酒店中，不问何人，止两人对坐饮酒，亦须用注碗一副，盘盏两副，果菜碟各五片，水菜碗三五只。”[1]这里的注碗是注子和温碗的合称，说明温碗和执壶、台盏是宋代流行的酒具样式，除了汝窑之外，在越窑、耀州窑、定窑、景德镇窑和高丽窑等窑口也都有烧制，样式也比较丰富，尤其是执壶的样式，有圆形、瓜棱形、葫芦形等等，造型都显得俊俏挺拔。

以温碗和执壶为代表的宋代器型，可视作宋瓷仿金银器造型的一种流行标识。

[1] ［宋］孟元老：《东京梦华录》，中华书局2020年出版。

第二章 皇家风范官窑瓷

一、何为官窑

中国陶瓷生产史上的官窑制度是在北宋徽宗时首创的，叫北宋官窑，由于历史上黄河数度泛滥改道，北宋都城汴梁已被十米厚泥沙深埋，北宋官窑始终成谜，我们只知道它的生产时间很短暂。所以要了解宋代官窑，目前只能从南宋官窑入手。

南宋官窑，是宋室南迁定都临安后按北宋旧制重新设立的，它们及其后在景德镇设置的御窑厂，都是烧制皇宫高档用瓷的专用窑场。在中国封建社会，皇帝享有至高无上的权力，一方面使得这类专用窑场只能进行纯产品性质的独断性生产，无法像其他普通商品那样进入民间流通；另一方面因产品专供皇室享用，其生产制作工艺要比同时期的民窑生产讲究得多，可谓不惜工本。因此它所生产的瓷器毫无疑问是那个时代瓷业最高成就的代表作，成为世人瞩目的艺术珍品。

关于南宋官窑，南宋人叶寘在他的笔记《坦斋笔衡》中有这样的记载：“中兴渡江，有邵成章提举后苑，号邵局，袭故京遗制置窑，于修内司造青器，名内窑。澄泥为范，极其精致，釉色莹澈，为世所珍。后郊坛下别立新窑，比旧窑大不侔矣……”[1]这是目前所知南宋当朝记载官窑最翔实的一条史料。根据叶寘的说法，南宋官窑的窑址应该有两座，一座是在宋室南渡后，依照北宋制度，由宫廷修缮机构修内司重建的官窑，名叫“内窑”（后人习惯称之为“修内司窑”）；另一座，则是在皇帝祭天的场所——郊坛附近设立的新窑。可是后人一直心存疑窦。随着元末张士诚重筑杭州城，凤凰山被撇于城外，当年的宫禁之地归于沉寂和荒凉，窑址之说更显得谜一般的云雾缭绕、扑朔迷离。

据不完全统计，南宋官窑传世器主要收藏于北京和台北两地故宫博物院以及海内外一些著名的公私收藏机构，总共

[1] 叶寘：《坦斋笔衡》，《南村辍耕录》卷第二十九《窑器》，中华书局点校本，中华书局1959年出版。

不超过两百件，其中也很有可能掺杂了明清时期的仿制品。由于南宋官窑瓷器的存世量少，加上史料记载匮乏，所以这一直是古陶瓷研究领域的一个热门话题。随着 20 世纪郊坛下窑址和老虎洞南宋窑址的相继发现，叶寘《坦斋笔衡》中的相关记载得到初步证实。

二、发现窑址

20 世纪 20 年代，杭州古玩市场陆续出现了许多官窑瓷片和窑具。有消息传开，它们来自城南的乌龟山。1930 年，爱好中国古陶瓷的日本驻杭州领事米内山庸夫来到实地，采集到大量的南宋官窑类型标本。之后的几年间，中央研究院的周仁等人先后三次来到乌龟山西南角调查并试掘，认为此处是南宋官窑窑址所在地。窑址三面环山，东北距皇城两公里，西面紧邻八卦田，其中央有一植被茂密的土台，人们推测其很可能就是南宋皇帝祭天的郊坛。

1956 年，浙江省文物管理委员会着手调查郊坛下窑址，清理出二十三米长的龙窑一座。发掘结束后，在龙窑窑址上

图 2-01 “大宋国物”垫饼
南宋官窑博物馆藏

盖了一座保护草棚并派专人看守。可惜的是，这座龙窑在后来的“文化大革命”中被完全摧毁，后人难以再寻其踪迹。

尽管 1956 年的发掘取得了一些成果，但只能算是一次局部发掘工作。基于此，1984 年，由中国社会科学院考古研究所、浙江省文物考古研究所、杭州市园林文物局三家单位联合组成南宋临安城考古队，对窑址开始正式考古发掘。1985 年至 1986 年的全面发掘和 1988 年的补充发掘，不仅出土了大量的瓷片和窑具，还发掘出练泥池、素烧炉、成型工坊、釉料缸等生产遗迹和一条近四十米长的龙窑，人们得以完整了解南宋官窑瓷器的生产过程以及当时的烧造水平。特别珍贵的是，在三万余片出土物中，考古人员发现了一件看似普通的垫烧具，上面清晰刻划了“大宋国物”铭文，（图 2-01）它有力地证明了郊坛下窑遗址为官窑窑场的真实性。

郊坛下官窑发掘后，人们对南宋人叶寘记载的另一座官窑——修内司窑一直没有停止过探索。否定“修内司官窑”还曾经一度成为主流的意见。很多学者认为，南宋官窑只有郊坛下官窑一处，不存在其他窑场。

历史常常在偶然间悄然翻开新的一页。

1996 年春，杭州城南凤凰山与九华山之间的山岙中，由于一场大雨的冲刷，山岙西侧一条溪沟的两侧土层坍塌，大量瓷片、窑具暴露在外，被一些有心人捡取。这些瓷片后来逐渐流入杭州的古玩市场，部分瓷片甚至远渡重洋到了海外。这引起了考古工作者的注意。

从这年 9 月开始到 2001 年，杭州市考古所对这个俗称“老虎洞”的地方先后进行了三次考古调查与发掘，成果非常丰富：有龙窑三座，素烧炉四座，作坊一处，澄泥池四个，釉料缸两个，瓷片堆积坑二十四个……可是情况也比较复杂，这里竟有南宋和元代两个时期的遗存。到底它是不是修内司窑？专家们仍存疑虑。

直到 2006 年，调查终于有了突破口。专家们在对发掘的瓷片进行了 5 年多的拼对整理，修复了 4000 多件瓷器后，一件施粉青釉的荡箍赫然出现（荡箍是成型陶车上的一个重要

图 2-02 铭款荡箍
南宋官窑博物馆藏

部件，起到使陶车平稳旋转的作用）。（图 2-02）在它上面，“庚子年……匠师……记修内司窑置”的铭款清晰可辨。

据此，坐实了老虎洞窑的南宋层即为修内司窑，“内窑”应该是“修内司窑”的简称，这可能与宋时修内司常被简称为内司有关。“修内司官窑”之争终于画上了一个较为圆满的句号。

三、色之味与形之意

叶寘在《坦斋笔衡》中，用十六个字对南宋官窑特点做了精练概括：“澄泥为范，极其精致，釉色莹澈，为世所珍。”南宋官窑瓷器以器型和釉色来作为美化瓷器的艺术手段，极少雕琢，与民间大量运用刻画花、模印和绘画等工艺的越窑、耀州窑、定窑、磁州窑等产品产生了强烈的对比。无论是以商周秦汉铜器为母体的造型，还是碗盘类器皿，都追求古朴典雅、敦厚玉立之美，器物形态由柔和流畅的轮廓线与刚劲明快的转折相结合，比例和谐，呈现出端庄凝重又精美雅致的艺术格调。另外，南宋官窑的釉色美得非常典雅，那是一种一眼望不透的温润如玉的质感和釉色。可以说，它所蕴含的美学精神达到了后世彩绘瓷无法企及的高度，这也是宋代为中国陶瓷做出的一个非常重要的贡献。

南宋官窑产品中一部分仿青铜形制的器型与宋代兴盛的复古运动密切相关。中唐安史之乱后，一些儒生士大夫重新提起了“尊王攘夷”的学说，同时韩愈、柳宗元等人也开始在文学方面发起以儒学复兴为旨的复古运动。至宋朝建立，复古运动已经粗具规模并逐步影响到文学之外的其他领域，加上同期辽、西夏与宋在边境上不断出现摩擦，“复圣古、斥蛮夷”的思想成为北宋上层统治阶级中的主流思想。这场复古运动寄托着皇帝与士大夫阶层强烈的政治理想与抱负，其最根本的原因是希望通过恢复、再现“三代”礼制来加强皇权和巩固统治。北宋复古运动最直接的影响就是促进了礼制的转变，而礼制中最重要的就是祭祀昊天上帝的祭天大礼。

从宋仁宗嘉祐末年起，宋代就基本确立了“三岁一亲郊”的祭天礼制，即每三年由皇帝亲自主持祭祀昊天上帝。宋徽宗大观四年（1110），议礼局强调祭祀天地需用“陶匏之器”，自此陶瓷材质的礼器与祭器开始增多。根据《坦斋笔衡》的记载，大观之后的政和直至宣和年间，北宋官窑已经设立。或许，北宋官窑设立的起因正与这种对祭器、礼器材质选择的改变有关，依此推断，南宋皇室重建官窑的初衷是为祭祀而不是为了生活用瓷的需求。两宋时产生的特有的审美观，催生了用陶瓷器替代青铜礼器作为祭祀用瓷的先例。

伴随复古运动而来的是金石学的兴起。从宋初聂崇义编撰《三礼图》，“详求原始”，以“恢尧舜之典则，总夏商之礼文”；到吕大临《考古图》的诞生，再到徽宗时《宣和博古图》的完成并颁布《政和五礼新仪》，都是宋代金石学高度发达的表现。这些对古代青铜器的研究，促使宋瓷中出现仿古造型。尤其官窑、汝窑、定窑等官办或生产供奉用瓷的瓷窑，更是大量烧造仿古代青铜器和玉器的祭祀用瓷，以弦纹瓶、贯耳瓶、鼎式炉、鬲式炉、簋式炉、尊式炉、觚、出戟尊、三足盘等最为常见。这些瓷器虽然模仿三代礼器而作，但一般不以纹饰装

图 2-03 南宋 官窑粉青釉弦纹瓶
故宫博物院藏

饰，仅依靠器型来烘托古意。以三代礼器为祖型，它最突出的特点是对样式有苛刻的要求。简单理解，就是按固有格式制作，每一个比例、角度、转折处，都非常严谨、规矩。它们从古代铜、玉礼器中汲取营养，从而极大地丰富了宋瓷的造型样式。

故宫博物院收藏的南宋官窑粉青釉弦纹瓶（图 2-03），系仿汉代青铜器样式烧制，洗口、长颈、圆腹、圈足，比例协调，造型简洁；配以通体粉青厚釉，釉层开片纵横交错，给人端庄挺拔、凝厚深沉的美感，可谓简约而不简单。右侧这幅《聚瑞图》（图 2-04）由清代宫廷画师郎世宁绘于雍正元年（1723），图中的花瓶与介绍的弦纹瓶器型一致。

台北故宫博物院所藏南宋官窑青瓷弦纹樽式炉（图 2-05），其祖型应为汉代盛酒用的青铜尊，直口、桶状器身、平底，承以三足，器身上、中、下各有三道凸起的弦纹。同样的器型也见于汝窑和定窑等窑口。与汉代青铜尊通体装饰、显得富丽异常不同，这件青瓷樽式炉只是在瓷釉上展现出一种质朴无华的材质美。

杭州城市建设中曾经出土了一些带“作宝彝”“太叔作鼎”铭文的南宋官窑青瓷残片（图 2-06），可在《重修宣和博古图》中找到对照图式[1]（图 2-07）。

图 2-04 清 郎世宁《聚瑞图》
台北故宫博物院藏

[1] ［宋］王黼：《重修宣和博古图》，广陵书社 2010 年出版。

图 2-05 南宋 官窑青瓷弦纹樽式炉
台北故宫博物院藏

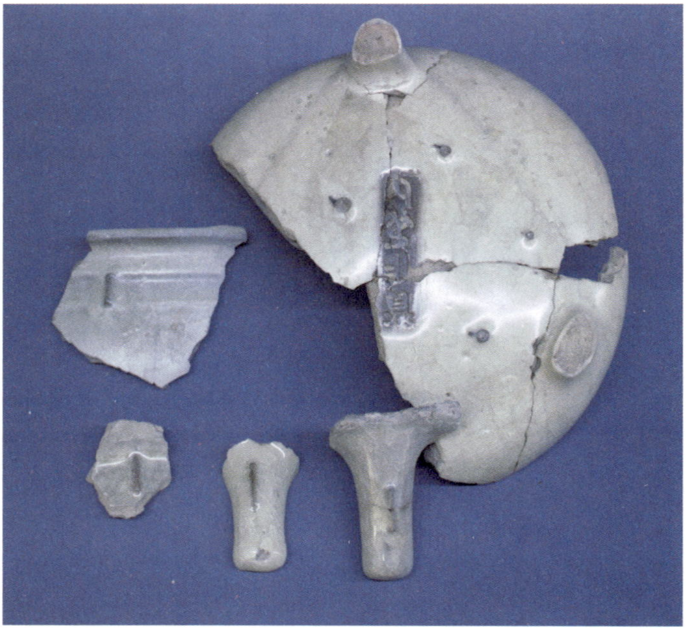

图 2-06 南宋 官窑“太叔作鼎”铭文鼎式炉残器
杭州城市建设出土

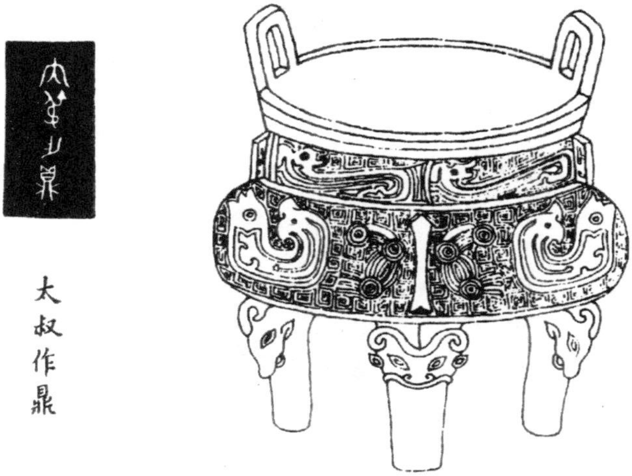

图 2-07　《重修宣和博古图》周太叔鼎

带铭文的仅限于鼎式炉和簋式炉。这些瓷器同样也只是单纯模仿了青铜器的形制（图 2-08、09）。

当然，南宋官窑瓷器也有采用刻画、模印、堆塑、镂空等装饰工艺的产品（图 2-10）。

在器型上，受政治需要的影响，仿青铜礼器瓷成为南宋官窑的主流产品，但随着南宋社会经济的逐步恢复，出现了鸟食罐、象棋等文玩用具，这不仅体现出南宋官窑产品类型的多样性，也反映出包含宫廷在内的南宋上层社会已将休闲文化视为生活中不可缺少的一部分，也正是在这种环境下，才能孕育出宋人闲适、淡雅的美学风尚。

古瓷尚青，而青瓷的极高境界就是如冰似玉。南宋官窑的终极目标是追求温润如玉一般的釉色，它的釉区别于传统青瓷的透明釉，是一种乳浊釉。釉的改变牵涉到胎釉配方的调整、素烧和多次上釉工艺以及烧成温度控制等一系列复杂的工艺创新实践。观察南宋官窑窑址出土标本，可以清晰看

图 2-08 南宋 官窑鼎式炉（残） 老虎洞窑址南宋层出土
南宋官窑博物馆藏

图 2-09 南宋 修内司官窑簋式炉
台北故宫博物院藏

图 2-10 南宋 官窑镂空套瓶（残） 老虎洞窑址南宋层出土
南宋官窑博物馆藏

图 2-11 南宋 修内司官窑粉青尊
台北故宫博物院藏

到从薄釉到厚釉的工艺实践过程，厚釉器物普遍都施三至四次釉，同时采用温控，有效降低釉面眩光，产生乳浊效应，呈现精光内蕴的艺术效果。可以说，南宋官窑青瓷如玉釉色的形成，得益于南宋皇室集中了当时最优秀的窑工，又有不惜工本的加持，才使它的制瓷技艺得以达到让后人无法企及的高度，这也是南宋官窑工艺最值得关注和探讨之处。

南宋官窑瓷器的胎料中含有一种特殊的成分——紫金土，烧成后的胎色呈现黑灰色或赭黑色。釉色则因龙窑内气氛的差异呈现出粉青、灰青、米黄等多种色调。和汝窑一样，南宋官窑的釉面大部分有大小不等的开片，并有深浅疏密之分。器物口沿因釉薄而隐显胎色，有些器物采用圈足刮釉垫烧的方法烧成，足端无釉露出铁褐色胎骨，此即为“紫口铁足”。

图 2-12 南宋 官窑大瓶
故宫博物院藏

台北故宫博物院所藏粉青尊（图 2-11），敞口，束颈，鼓腹，喇叭台足。形制沉稳凝重，虽为瓷质却有着青铜器的肃穆和庄严。全器施粉青厚釉，釉层厚而匀，光泽莹润，有不规则大开片，口沿系后世镶嵌铜扣，四条出筋隐现铁褐胎色，增加了器物立体感。

"李唐越器久称无，赵宋官窑珍以孤。色自粉青泯火气，纹犹鳝血裂冰肤。"[1]这是清代乾隆皇帝写给南宋官窑的赞美诗，字里行间充满了对官窑瓷器的推崇之情。南宋官窑是代表那个时代最高档的青瓷，无论胎、釉、型，还是制作技术都达到了当时的最高水平，但受限于制瓷原料的缺陷及厚釉工艺的难度，并非每一件南宋官窑都是完美无瑕的，如色泽有粉青、灰青、米黄；一些传世品中也会有气泡、缩釉点等瑕疵（图 2-12）。

[1] 故宫博物院编：《官窑瓷器》，故宫出版社 2016 年出版。

图 2-13 南宋 官窑弦纹长颈瓶
河北省定兴县文物保护管理所藏

南宋官窑因其使用范围的特殊性，极少见于墓葬或窖藏，因此出土于河北定兴县张弘范墓的南宋官窑弦纹长颈瓶（图2-13）具有特殊的研究意义。

张弘范（1238—1280），字仲畴，史书称他“身为将种而能博览经史，练达古今，喜与士大夫交游”，是元朝著名的军事家、统帅，被称为“元灭亡宋朝的急先锋”。至元改元，他的兄长张弘略，以顺天府总管被调入宫担任宿卫，忽必烈亲自选任张弘范任顺天路管民总管。1276 年，张弘范参与了平灭南宋战争，于首都临安城俘获五岁的宋恭帝，并押送到元大都。张弘范不久病逝，安葬于河北定兴。

南宋官窑虽为宋室南渡后承袭北宋制度的重建，产品严格按照宫廷设计样式制作，以简约流畅的造型和滋润如玉的质感为目标，但由于南北两地制瓷条件有别，从工艺技术的角度而言，南宋官窑产品是自成体系的。作为特供皇室的特殊产品，南宋官窑青瓷与同时代的政治制度和民族审美紧密相连，制瓷匠师们经过不断探索实践，做出了我们至今都在感佩的作品，并将宋代青瓷推向了顶峰，只不过后来青花出现并成为替代品，青瓷成为唐宋文化慢慢式微的一个缩影。

第三章
“金丝铁线”哥窑瓷

一、扑朔迷离的哥窑瓷

哥窑虽被列为宋代五大名窑之一，但其生产年代和窑口地点一直众说纷纭、备受争议。人们口中的哥窑瓷面貌并不统一，大致分为传世哥窑类、元末明初文献记载的杭州“哥哥洞窑”官哥不分类、龙泉哥窑和景德镇等地的产品。

在相当长的时间里，哥窑瓷器基本不见于考古发现，因此人们通常将以宫廷收藏为主的传世哥窑与哥窑概念画等号，在一般描述中多为灰色或黑色胎，胎体较厚，制坯不甚精致，釉色多呈月白、灰青或米黄色，釉层乳浊而丰腴，泛着一层酥油光泽，釉面布满大小不等的开片，片纹均人为着色，大

图 3-01 南宋 哥窑五足洗
上海博物馆藏

开片呈黑褐色，小开片呈黄褐色，这种着色的开片被美称为“金丝铁线”，成为传世哥窑的一个显著特征。传世哥窑有各式瓶、炉、洗、盘、碟等，以仿古造型为主（图 3-01）。

有关哥窑的文献记载，最早见于元代孔齐撰《静斋至正直记》一书。该书卷四“窑器不足珍”条载：“乙未冬在杭州时，市哥哥洞窑器者一香鼎，质细虽新，其色莹润如旧造，识者犹疑之。会荆溪王德翁亦云：‘近日哥哥窑绝类古官窑，不可不细辩也。’”[1]乙未年即至正十五年（1355），不难看出，在元代晚期，哥哥洞窑的烧造工艺已经达到“绝类古官窑”的程度，要仔细观察，才能分辨出来。到了明初，哥哥洞窑已在流传中被简称为“哥窑”，成书于明洪武二十一年（1388）的曹昭撰《格古要论》卷下《古窑器论》之“哥窑”条载：“旧哥窑，色青，浓淡不一，亦有铁足紫口，色好者类董窑，今亦少有。成群队者，元末新烧者，土脉麄（粗）糙，色亦不

[1] ［元］孔齐：《静斋至正直记》卷四，《丛书集成初编》，中华书局 1991 年出版。

好。”[1]这里，收藏家曹昭虽未提及旧哥窑的产地，但从行文看，应与元末新烧是同一处窑场的新旧对应关系。

在《格古要论》成书一个半世纪后，陆深于嘉靖十八年（1539）写了《春雨堂随笔》，里边说到了哥窑：“哥窑浅白断纹，号百圾碎……宋时有章生一、生二兄弟，皆处州人，主龙泉之琉田窑。生二所陶青器，纯粹如美玉，为世所贵，即官窑之类。生一所陶者色淡，故名哥窑。”[2]这是关于章生一、生二兄弟烧瓷的最早记录，也是龙泉哥窑概念的最早出处。

随着窑址考古取得新进展，关于哥窑的产地也有了新的认知。

❶［明］曹昭：《格古要论》卷下《古窑器论·哥窑》，《夷门广牍》本。

❷［明］陆深：《春雨堂随笔》，《丛书集成初编》，中华书局1985年出版。

二、考古发现

前文已谈及，杭州市文物考古研究所于1998年至2001年间发掘的老虎洞窑址，包含了南宋和元代两个地层。其中元代层出土了大量品种丰富的瓷片，釉呈乳浊状，釉色以灰青为主，也有月白和米黄色，釉面都开片，紫口铁足，窑具上刻有元代独有的八思巴字。部分质量较高的瓷片与南宋层的

图 3-02 青釉贯耳瓶残件 老虎洞窑址元代层出土
杭州市文物考古研究所藏

官窑产品相类，系仿官窑产品；也有不少质量粗劣的瓷器残片。这个结果似为孔齐和曹昭的记载提供了较充分的考古材料证明，发掘者亦认为这一层的出土物即为哥窑产品。如出土的投壶及葵花式洗等残器，和传世哥窑的同类器型如出一辙（图 3-02、03、04、05）。

故宫博物院和上海博物馆都对馆藏的传世哥窑瓷器和杭州老虎洞窑址元代地层标本及龙泉黑胎青瓷标本进行了成分测试分析，结果表明：馆藏传世哥窑瓷器的产地与老虎洞窑元代层出土瓷一致。

龙泉地区的黑胎青瓷一直

图 3-03 南宋 官窑灰青釉贯耳瓶
元代任仁发家族墓出土
上海博物馆藏

图 3-04 青釉葵花式洗残件
老虎洞窑址元代层出土
杭州市文物考古研究所藏

图 3-05 南宋 官窑粉青釉葵花式洗
故宫博物院藏

受人关注，其在窑址中的最早发现，可追溯至民国时期徐渊若《哥窑与弟窑》中的记载："溪口墩头方面之哥窑，过去无人注意。至民（国）二十八年十月间，有江西客商章九堤、王少泉等前来采购，始认真开掘，遂知有铁骨、铁沙底、铜边、铁足等区别。据邑人吴文苑氏谈：溪口之旧窑址，上层均系普通之龙泉窑，三十年秋，更发掘而下，始发现现时之薄胎铁骨云。"[1]陈万里先生曾七下龙泉，他在《中国青瓷史略》中也提到黑胎青瓷的发现："碎片以及整件遗物的发现，是在抗战期间（1939 年前后），地点在龙泉大窑的坳底以及溪口乡的墩头两处。碎片约在两丈左右的深土里，黑胎骨，大抵很薄，墩头的更胜于坳底，因此以往认为有断纹的东西是笨重的，实际上并不如此。"[2] 1959 年，朱伯谦、牟永抗、任世龙等浙江瓷窑址考古的前辈在发掘大窑窑址时，首次提出"龙泉黑胎青瓷"概念。浙江省文物考古研究所自 2011 年开始，花了近十年时间进行调查勘探，初步查明黑胎青瓷的生产分布区域几乎覆盖龙泉全境，生产规模较大，有近 30 处窑址，生产中心在大窑地区。产品的面貌相当丰富，除了碗、盘、杯、盏、碟、鸟食罐等日常用瓷，也包括了炉、尊、觚、簋等礼器类产

[1] ［民国］徐渊若：《哥窑与弟窑》，西泠印社出版社 2014 年出版。

[2] 陈万里：《中国青瓷史略》，上海人民出版社 1962 年出版。

图 3-06 南宋 龙泉青瓷觚
龙泉青瓷博物馆藏

品。（图 3-06）胎色从灰到灰黑不尽相同，釉色亦复杂多样。釉面开片，紫口铁足。总体上看，其和老虎洞窑元代层出土器的最大区别在于其釉色较透明。

调查者认为，黑胎青瓷的生产时代为南宋早中期至元代，在龙泉地区可能存在自身发生、发展、成熟与衰落的轨迹。有不少学者认为龙泉黑胎青瓷应该就是陆深提及的哥窑。

三、哥与仿哥

不妨再来聊聊“金丝铁线”这个话题。我们知道瓷器表面开片是一种由胎釉收缩率不均而导致的普遍现象，这在一定程度上也可被理解为是一种工艺缺陷。南宋官窑很多产品表面带有开片，南宋时的古玩书《百宝总珍集》里有“有鸡爪纹者真，无纹者尤好”的记载，说明开片在当时或许已被作为一种独特的审美来看待。但至少有一点是肯定的，后世因官窑瓷器极其稀有，这种浑然天成的开片成了文人墨客附会的目标，将其美称为“冰裂纹”“蟹爪纹”“鳝血纹”“梅纹”“墨纹”，哥窑的“金丝铁线”大抵也是受这种新出现的审美影响而产生的，系在瓷器烧成后人为上色，以强化开片的视觉效果。事实上这类传世哥窑是后世仿烧官窑瓷器的产物，当这种对瓷器表面开片的审美形成以后，就会有不同地区的窑场对其进行仿烧，从而产生了从自然形成到刻意模仿的质的转化，在生产地域上从浙江向江西、福建、江苏、广东等区域转移，使哥窑在属性上变得更加复杂化。如景德镇的仿哥窑瓷器生产始于明代永宣年间，故宫博物院藏的成化仿

图 3-07 明成化 仿哥釉菊花式杯
故宫博物院藏

哥釉菊花式杯（图 3-07），周身布满“金丝铁线”，足底无釉呈黑褐色，口沿刷了一圈酱色釉，以强化“紫口铁足”特征。

明代宜兴窑仿哥灰白釉饕餮纹双耳四足鼎（图 3-08），模仿商周时期的青铜礼器造型，器身凸雕饕餮纹，通体施灰白色釉，釉面开细碎片纹。明代宜兴窑以紫砂器闻名于世，同时也仿烧钧窑、哥窑类器物。

明代石湾窑仿哥灰白釉贴塑螭虎纹方尊（图 3-09），通体施灰白色釉，釉面开细碎不规则片纹，足底呈黑褐色。石湾窑也称“广窑”，位于广东省佛山市石湾镇，陶瓷生产历史悠久，明清时为其鼎盛期。

清代漳州窑仿哥米黄釉双耳簋式炉（图 3-10），通体施米黄色釉，釉面开褐色细碎片纹，胎釉和工艺都显粗糙。

这类仿哥釉产品直至今日都有烧制，而对收藏者来说，

图 3-08 明 宜兴窑灰白釉饕餮纹双耳四足鼎
故宫博物院藏

见到带有有色开片的瓷器时，均已经默认了“哥窑”的概念，因而并不关注其具体的产地在何处，一概以“哥窑”论之。所以说，大家平时俗称的哥窑瓷器并非是某一窑口烧造的，其时代也并非宋代，有可能是元代、明代甚至更晚，我们将某一瓷器称为“哥窑”，大多是因为其表面具有有色开片，这只是长期以来大家形成的一种固有观念，并不具有严谨性与科学性。

泥土经过火的烧炼，成为一种永恒的存在，而它身上的

图 3-09 明 石湾窑灰白釉塑贴螭虎纹方尊
故宫博物院藏

图 3-10 清 漳州窑米黄釉双耳簋式炉
故宫博物院藏

开片又是富有变化的，展现了大自然的无限可能性。正是这种在恒定中又不断有变化的特质，赢得了无数后人特别是文人雅士的青睐和喜爱。开片对后世的影响，绝不仅仅体现在瓷器装饰上，在明清的园林、建筑、家具、绘画上随处可见冰裂纹样装饰，例子不一而足，并一直延续至今。

第四章 灿若晚霞钧窑瓷

一、特殊的青瓷

在瓷器发展史上，滥觞于浙江宁绍平原的青瓷，在经历了隋唐“南青北白”的发展后，至宋代已是名窑辈出，各领风骚。以雨过天青之色为基调的汝窑，被誉为宋代五大名窑之首；官窑温润如玉的厚釉与端庄秀雅的器型相得益彰，令后世追仿至今；龙泉窑的粉青、梅子青釉，显然是对官窑厚釉工艺的继承和强化，达到了厚釉青瓷艺术的巅峰；耀州窑则以刻、划、剔、印等表现手法，形成颇具特色的装饰风格……所有这些都是各青瓷窑口的工匠们在仅使用单色釉的前提下所做出的努力。

钧窑则不同，尽管它的基调是青色，但窑变和乳光则是构成钧瓷艺术美的两个外观特征。乳光是指钧窑釉所呈现的青色是半乳浊状态的，并产生深浅不一的蓝色，含蓄而优雅；窑变是在青釉制瓷工艺中掺入了复色釉技艺，在烧成中随着温度和气氛等变化产生不同的色彩，且多种色彩交融流动，发生复杂的交错变化而使釉色呈现紫、红、蓝、青交相辉映的绚烂效果，这无疑使宋代青瓷达到了一个崭新的美学境界，钧窑也因此被列入宋代五大名窑之一。

钧窑产品有俗称的“民钧”和“官钧”之分。“民钧”产量颇大，流传亦广，故被列入五大名窑的实际上是指俗称的“官钧”。“纵有家财万贯，不如钧窑一片”，这是有关“官钧”瓷器流传最广的一句民谚。

传世“官钧”的作品颇多，主要是用于陈设的器型。台北故宫博物院曾于千禧年举办过一个钧窑瓷器特展，120件造型各异的作品，配以釉色鲜艳的窑变，令人印象深刻。但奇怪的是，如此重要的一处窑场，在宋元文献中未曾见到相关的记载，目前所知最早的记载时间是在明代。在知名度较高的明代皇室收藏目录《宣德鼎彝谱》中，首次出现“汝、官、哥、钧、定”宋代五大名窑。[1]由于该书完成于宣德三年（1428），而编撰者吕震则于宣德元年（1426）已去世，故学界对该书的真伪始终存在异议。此外，明代收藏家项元汴在《历代名瓷图谱》中有“宋均窑”称谓；万历十九年（1591）高濂《遵生八笺》卷十四“论诸品窑器”中将钧窑列于龙泉窑、吉州窑、建窑之下。[2]清代文献中出现较多钧窑的记载，乾隆年间张九钺的《南窑笔记》认定钧窑为：“北宋均州所造，多盆奁、水底、花盆器皿。颜色大红、玫瑰紫、驴肝、马肺、月白、红霞等色。”[3]嘉庆二十年（1815）蓝浦、郑廷桂《景德镇陶录》曰：“均窑，亦宋初所烧，出钧台。‘钧台’宋亦称钧州，即今河南之禹州也。”[4]此后关于钧窑的论著大多沿用此说。

传世精品的胎质厚而坚硬，胎色深灰带紫褐，器物底部常刷一层褐色釉，俗称“芝麻酱釉”。釉汁莹润呈半失透状，有天青、月白、天蓝、紫红等色。从工艺原理分析，钧窑的釉属于分相釉。“当器物在特定的烧造工艺和较慢的冷却速度下烧成时，釉会分离成两个成分不同、互不混溶的液相，其中一相会以无数孤立小液滴的形式分散于另一个连续相中。”[5]这使得钧瓷釉的颜色、色调和乳浊度产生复杂的变化，从而赋

❶［明］吕震等：《宣德鼎彝谱》卷一，《景印文渊阁四库全书》，台湾商务印书馆1986年出版。

❷［明］高濂：《遵生八笺》卷十四，《景印文渊阁四库全书》，台湾商务印书馆，1986年出版。

❸［清］张九钺：《南窑笔记》，广西师范大学出版社2012年出版。

❹［清］蓝浦、郑廷桂：《景德镇陶录》，浙江人民美术出版社2019年出版。

❺陈克伦：《瓷器中国》，上海书画出版社2021年出版。

图 4-01 北宋 钧窑蓝釉紫斑胆瓶
英国大维德基金会藏

予钧釉自然多变的艺术美感。“入窑一色，出窑万彩”“钧瓷无对，窑变无双”，是对钧瓷独一无二特征的精准概括。（图4-01）

钧窑少量产品釉中含有微量氧化铜，通过窑变，呈现天青色与玫瑰紫或天蓝色与海棠红相互交融、变化无穷的美妙景象。就古代烧瓷技术而言，由于铜对窑温和烧成气氛十分敏感，凡釉中含有铜成分的，其呈色效果很难把握。它须得在还原气氛中，经过 1250℃以上的高温才能出现红色，若稍有偏离，釉色就会发生变化。这种铜红彩釉技术，最初出现一定是偶然的，钧窑的窑工们在长期实践中发现并掌握了铜元素的还原技术。尽管此时红釉的产量极少，却在不经意间成为后世彩釉瓷的先驱。（图 4-02）

钧瓷的釉层肥厚，釉面常见不规则流动的细线，宛若蚯

图 4-02 宋 钧窑玫瑰紫釉菱花式花盆
故宫博物院藏

图 4-03 金 钧窑紫红釉三足盆
大阪市立东洋陶瓷美术馆藏

蚓爬过泥地留下的痕迹，被古董商形象地称为“蚯蚓走泥纹”。究其原理，是由于釉层在烧制的过程中，于低温阶段出现裂纹，随着温度逐渐提升，黏度较低部分的釉流入并填补裂纹而形成的特殊肌理。这种现象似为古钧瓷所特有，故也常被作为鉴别其真伪的重要依据。（图 4-03）

二、发现窑址

钧窑中心窑场位于河南省禹县境内，以禹县为中心，窑场遍及周边各地，已发现的窑址达 100 多处。传统观点认为钧窑分为宋代、金代和元代三个时期，其中宋代钧窑的精品进贡宫廷使用，简称“官钧”。20 世纪 70 年代，河南省博物馆的专业人员在禹县（今禹州市）钧台窑址进行考古发掘，出土了大量钧瓷标本，以花盆和盆托为主，且形制多样。（图 4-04）花盆有圆形、长方形、花瓣形和渣斗形的，花瓣形又有莲花式和葵花式之分，器底都有圆孔，显然是为了泄水和防止植物烂根而设。与花盆配套使用的盆托形制也同样丰富，区别在于底部无孔。

图 4-04 宋 三足盆托 禹州钧台“官钧”窑址出土
河南省文物考古研究院藏

此外还有出戟尊、鼓钉洗、炉、盘、碗等，且基本能与传世品对上号。（图 4-05）

值得留意的是，宋代一些典型的瓷器样式，如梅瓶、玉壶春瓶等器型，在钧窑产品中似未出现。窑址同时出土了用钧瓷泥制作的“宣和元宝”钱模，“宣和”系宋徽宗的第六个年号。钱模的发现，令人们相信，这里即为文献记载中的宋代“官钧”遗址。

出土的花盆和盆托残片底部刻有“一”“二”“三”至“十”数字编号，在传世品中也有同样标记数字的器物，这类瓷器被西方人称为“带数目钧瓷”。曾有学者对数十件同类器物进行排列比较研究后，发现一个有趣的现象：标号的数字与器物的尺寸有关，数字越小，指代的器物尺寸则越大，即“一”为最大号的花盆和盆托，“十”为最小号。标号显然是为了方便花盆和盆托的配套使用。（图 4-06）

图 4-05 宋 玫瑰紫釉出戟尊
禹州钧台“官钧”窑址出土
河南省文物考古研究院藏

图 4-06 宋 “官钧”花盆外底刻“二”字

也有学者将这类产品与北宋末年的“花石纲”相关联。徽宗时，在东京（今开封）建造了一座大型皇家园林——“艮岳”（万岁山），里边广植奇花异木。奉命去往江南一带搜罗运送名石珍木的船队，名“花石纲”。因此，宫廷中用于种植花木的盆、托及室内陈设器皿的需求量大增，钧瓷斑斓的釉色似与缤纷的花木相得益彰，故受到朝廷偏爱。

三、年代之争

对钧窑属于宋代瓷窑的质疑由来已久。早在20世纪30年代，就有日本学者对“宋代钧窑”撰文质疑，认为这类具有官用意味的器物“素有明代所制之说”，此后近一百年时间里，不断有中外学者提出“钧窑陈设器不产于北宋”的观点，有人认为河南禹县最早被称为钧州是在金大定二十四年（1184），此时此地为金朝统治，即便“官钧”已经出现，也很难将其纳入宋代瓷窑。著名陶瓷考古学家陈万里先生就曾经推测，钧窑的兴起应当与汝窑的衰落有关，汝窑在北宋末年衰落以后，钧窑便在金人的统治下开始烧瓷，其历史延续到元代，而金代则是钧窑的“黄金时期”。（图4-07）

对于20世纪70年代的钧台窑址考古发掘，不少专家认为，发掘时没有找到“北宋钧窑”与金代或元代钧窑地层相互叠压的关系，存在一定的局限性。而且在有纪年的宋代墓葬、窖藏中也未发现此类钧窑器物。就是说，钧窑的宋、金、元三个时代的产品在考古学上的前后继承、发展关系并未建立起来，这意味着北宋钧窑的年代判断缺乏科学依据。而窑址

图 4-07 元 钧窑鼎式香炉
内蒙古博物院藏

出土的钱范则更加缺乏说服力，综观中国古代瓷窑，还尚未发现一处窑场同期肩负烧瓷与铸钱两种功能的，所以“宣和元宝”钱范更有可能是后人在处理某项工作时对前代地层进行了扰动，而将前代的钱范遗留在了“官钧”遗址所在的地层。

对古陶瓷学界来讲，或许“官钧”年代是个永恒的话题，许多专家学者都在努力探索，希冀解开这个谜团。

第五章
色白天下定窑瓷

白瓷的发明，是中国古代陶瓷史上具有里程碑意义的重大突破。它不仅作为一个瓷器品种经久不衰，也为后世彩绘瓷的流行打下了基础。根据目前掌握的考古资料，最早的白瓷出现在北朝时期，北方的制瓷工匠在改进青瓷制作技术的过程中做出了白瓷，随后白瓷便迅速成熟并发展起来。唐代，以河北邢窑为代表的精细白瓷的生产，打破了青瓷一统天下的局面，形成“南青北白”的瓷业格局。

一、定瓷溯古

定窑是继邢窑之后，我国北方宋、金时代生产规模最大、影响最广的民间窑场之一，也是宋代五大名窑中唯一一处主烧白瓷的窑场。因窑场所在的河北省保定市曲阳县在唐、宋时期属定州管辖，故称定窑。俗话说，一方水土养一方人，物也是同理。曲阳因盛产优质瓷土，自古为我国汉白玉的重要产地，早在汉唐时期就已是石雕中心。质地细腻、透光度好的制瓷原料，是定窑得以生产出胎质坚细、胎体轻薄的产品，并引领当时精细白瓷生产的根本。

历史上关于定窑的文献记载相当丰富，就当朝人记当朝事而言，从国史到私人笔记乃至宋代诗词都有涉猎，其中有关于定窑北宋贡御情况的，如《宋会要辑稿》："瓷器库在建隆坊，掌受明、越、饶州、定州、青州白瓷器及漆器以给用，以京朝官三班内侍二人监库。"❶也有描写定窑工艺特征的，如周密《志雅堂杂钞》："金花定碗，用大蒜汁调金描画，然后再入窑烧，永不复脱。"❷北宋熙宁五年（1072），时任杭州通判的大文豪苏轼写下《试院煎茶》诗一首，里边也讲到了定瓷："蟹眼已过鱼眼生，飕飕欲作松风鸣。……君不见，昔时李生好客手自煎，贵从活火发新泉。又不见，今时潞公煎茶学西蜀，定州花瓷琢红玉。……"❸南宋太平老人《袖中锦》开篇"天下第一"条中曰："监书、内酒、端砚、洛阳花、建州茶、

❶［清］徐松辑：《宋会要辑稿》册一四六《食货》五二，中华书局1957年出版。

❷［宋］周密：《志雅堂杂钞》，《丛书集成初编》，中华书局1991年出版。

❸［宋］苏轼：《东坡全集》卷三，中国书店1986年出版。

蜀锦、定磁、浙漆、吴纸、晋铜、西马、东绢、契丹鞍、夏国剑、高丽秘色……京师妇人，皆为天下第一，他处虽效之，终不及。”[1]金朝刘祁的《归潜志》更是用一句“定州花瓷瓯，颜色天下白”[2]，对定窑特征作了高度概括。

以上种种，足以说明定窑白瓷在当时已风靡全国。然而，自元代晚期定窑逐渐衰落后，其窑场也随之淹没于历史尘埃中。

20 世纪 30 年代，时任北平大学教授的叶麟趾先生在河北省曲阳县涧磁村调查时，偶然发现定窑遗址。1949 年以来，我国考古和文物工作者对定窑遗址进行过多次调查和发掘，发掘出从唐至元代的不同地层及遗迹，面积有数千平方米，出土了大量代表定窑各时期风格的重要遗物。白瓷是定窑的主打产品，除此之外，还兼烧白釉黑彩、黑釉、酱釉和低温铅绿釉、铅黄釉瓷。黑釉和酱釉瓷即文献所称的“黑定”和“紫定”，都是世人眼中的珍品。

定窑在晚唐至五代时期迅速崛起；在北宋和金代进入黄金期，产量、质量并驾齐驱，行销海内外，并形成了南北窑场竞相模仿定窑的局面，出现了以河北井陉，山西平定、孟县、

[1] ［宋］太平老人：《袖中锦》，辑入《丛书集成新编》第 87 册，台北新文丰出版公司 1986 年印行。

[2] ［金］刘祁：《归潜志》，中华书局 1983 年出版。

阳城、介休以及四川彭县等窑场为代表的庞大的定窑系；以景德镇窑仿制定窑的产品为代表，则称为“南定”，其釉色白中闪青，又被称作青白瓷或影青。元代以后，定窑大规模瓷器生产已式微，并逐渐停烧。

二、别具一格的装烧和装饰技法

北宋时，为了适应大批量商品生产、节约燃料、降低成本的要求，定窑工匠发明了先进的支圈窑具“覆烧”工艺，即将碗盘等器皿反扣，用一种环形支圈承托器物的口部，进行焙烧。这也是中国古代窑业生产领域的一次重大技术革新。这种方法既节省了窑炉空间，又增加了产量，还可有效避免轻薄瓷器变形，非常符合瓷器大规模商品化生产的需求。因此，这项技术一经发明，很快在南北方众多窑口中推广普及开来。使用覆烧法，需要把口沿附近一圈的釉料刮掉，烧成后的瓷器口沿处就会露出瓷器的胎骨，形成“芒口”。为了弥补这个缺陷，宋人往往在口沿上镶以金、银、铜扣作为装饰。

北宋定窑因燃料由柴改为煤，其釉色与唐代邢窑的“类

图 5-01 北宋 定窑婴儿枕
台北故宫博物院藏

银”“类雪”判然不同，呈现出一种白中微闪黄的暖白色调，犹如略施粉黛的少女肌肤，给人以柔和悦目、温润恬淡的美感。定瓷的胎体一般都要精修才上釉，仔细观察器物的外壁，往往会发现有修坯时留下的痕迹，民间称之为“竹丝刷痕”。此外，定瓷在焙烧时，由于釉汁流动性大，会产生条状流淌痕，俗称“泪痕”。

与邢窑的素净不同，定窑白瓷大量采用刻花、划花和印花的装饰手法美化器物，刻划刀法洗练、线条流畅优美；印花则是借鉴了定州缂丝工艺，布局严谨繁密、纹饰题材丰富，颇受世人称道，被誉为“印花之冠”。

定窑瓷器以日常生活用具为主，如碗、盘、杯、碟、盏、盏托、渣斗、净瓶、海螺、龟、盒、洗、壶、罐、枕、炉、玩具等。

台北故宫博物院藏婴儿枕（图 5-01）无疑是定窑瓷塑的最佳代表作，它用高超的雕塑技巧，塑造了一个活泼可爱的宋代儿童形象，精致细腻的纹饰，清晰还原了孩子考究的服饰，是研究宋代衣冠的生动材料。

宋代定窑产品的面貌相当丰富，一些墓葬、塔基出土的定窑瓷器为我们断代、分期提供了重要依据。

1969 年，在河北省定县净众院、静志寺两座北宋塔基地宫中，出土 150 余件定窑瓷器，几乎涵盖了定窑瓷器的所有器型，可以说是全面反映北宋早期定窑瓷器烧造水准的珍贵实物资料。从中可以看出，北宋早期的定窑流行立体感较强的浅浮雕莲瓣纹装饰，构图严谨，满而不乱。

如河北省定州市博物馆所藏定窑白釉刻花龙首净瓶（图 5-02），出土于净众院塔基地宫。净瓶高度达 60.5 厘米，器型修长挺拔，胎质细白坚硬，釉色莹润泛黄，釉面垂泪痕明显，自上而下布满立体感较强的刻花装饰：颈上部为仰覆莲瓣纹，中部为覆莲纹相轮圆盘，下部为竹节纹。肩部刻三重覆莲纹，上腹装饰一周缠枝花卉，下腹刻仰莲纹四重。肩部有龙首短流，龙头高昂，作怒目露齿状。净瓶，是源于古印度的一种瓶式，流行于我国唐宋时期，常被作为重要的佛前供器，是礼佛净手时用到的一种盛水器。

图 5-02 北宋 定窑白釉刻花龙首净瓶
河北省定州市博物馆藏

北宋中、后期的定窑盛行刻划花卉，刀法娴熟，纹样自然生动，窑工能根据不同风格的图案选择不同的刀法，灵活掌握运刀时的轻重缓急，线条变化极为丰富。同期印花装饰也悄然兴起，图案以萱草、水禽、花果常见。

故宫博物院藏的白釉刻花芙蓉纹蔗段花口洗（图 5-03），洗口呈五瓣葵花形，外壁凸起弦纹两道，浅圈足。内外施白釉，釉白莹润，口沿无釉，当为覆烧形成的芒口。盘心刻划一株盛开的芙蓉花，枝叶以及花头的轮廓用扁刀刻出，使纹饰具有略微的立体感，叶脉则用双线勾勒刻划。画面深浅有致，构图简洁大方，体现出定窑工匠熟练的技巧和出色的艺术表现力。

图 5-03 北宋 定窑白釉刻花芙蓉纹蔗段花口洗
故宫博物院藏

北宋晚期，印花工艺产品成为定窑的主打产品。印花工艺的关键在于制作印花模具，只要模具刻工精细，产品就同样精美。模具的原料与白瓷基本相同，拉坯成型后在模具表面描绘纹样，然后采用刻、划花技法进行刻制。刻好的模具要入窑焙烧，达到一定温度方可使用。与刻花相比，印花题材相当广泛，构图也远比刻花复杂精细。除了刻花常用的花卉纹、鱼水纹外，龙凤、蟠螭、狮、鹿、鸳鸯、仙鹤、婴戏、博古等图案，都出现在定窑印花瓷器上。这当中，定州缂丝工艺对定窑印花纹饰影响显著。定州是唐宋时期全国的缂丝织业中心，

图 5-04 北宋 定窑白釉印花镶铜扣盘
大阪市立东洋陶瓷美术馆藏

其缂丝产品声著天下。定窑把缂丝纹样局部巧妙移植于瓷器，使得其印花装饰技艺从一开始就显得较为成熟，呈现出很高的艺术水平。（图 5-04）

三、御用之瓷

温润的色调、精细的纹饰，配以薄俏的器型，使得定窑白瓷在众多民窑产品中脱颖而出，成为宫廷用瓷。

目前所见晚唐、五代、北宋、金各时期定窑出土器上，题刻的铭文多达几十种，内容大多与宫廷和官府有关。刻款方式分为两种：一种是入窑烧造前刻于器物之上；另一种则是产品进贡后，根据需要刻于器物外底。铭文瓷器以刻“官”字款数量最多，这些器物多出土于唐代晚期到北宋早期的墓葬和塔基中，在陕西、浙江、河南、河北、北京、辽宁、内蒙古、湖南、江苏、广东等地均有出土。

杭州市临安区博物馆所藏晚唐定窑白瓷“官”款海棠杯（图 5-05），出土于吴越国开国皇帝钱镠母亲水丘氏墓。杯口平面呈椭圆形，口沿微敛，腹两侧有对称的两条内压弧线，使

图 5-05 唐 定窑白瓷海棠杯 五代水丘氏墓出土
杭州市临安区博物馆藏

器物呈现八曲海棠花形。喇叭形高圈足，外底阴刻行书“官”字款。胎质细白坚致，胎壁极薄。釉色白中闪黄，釉面润泽匀净，是唐代白瓷的存世精品。海棠杯造型系仿萨珊波斯金银器“多曲长杯”样式，与海棠并无直接关系。因器型优美，成为唐代流行的经典样式，南北窑口都有烧造。

在河北省定县净众院、静志寺两座北宋塔基地宫中，也出土了 17 件“官”字款定瓷。刻“新官”款的数量则比较少。此外还有一些刻有“尚食局”和“尚药局”铭文的盘、碗、盒类定窑白瓷，南宋孟元老《东京梦华录》卷一“内诸司”条曰：“内诸司皆在禁中，如学士院、皇城司……殿中省六尚局（尚药、尚食、尚辇、尚酝、尚舍、尚衣）……”[1]明确指出尚食局和尚药局皆在皇宫内。由此可知带这两款铭文的定瓷应该是宋代为宫廷负责皇室饮食和用药机构的定烧之物。带有“尚食局”和“尚药局”款的器物标本在定窑遗址的北宋和金代地层中均有发现，一般都装饰有龙纹。龙是中

[1] ［宋］孟元老：《东京梦华录》，中华书局 2020 年出版。

图 5-06 北宋—金 定窑白瓷印花龙纹盘
上海博物馆藏

图 5-07 定窑龙纹线描图

国古代传说中最为神奇的祥瑞动物，象征着神武与力量。进入封建社会后，又被视作“帝德”和“天威”的标志，并逐渐被皇室所垄断专用。到了宋代，龙俨然已成为天子的象征，统治者对龙纹的使用有着严格的规定，除了宫廷之外，民间一律不得使用。细观定窑白瓷上的龙纹，无论刻、印，都给人以雄伟矫健、气度不凡之感。（图 5-06、07）

与“尚食局”款相比，“尚药局”款的发现要少得多。全世界范围内完整器仅有两件：一件于 20 世纪 90 年代在杭州出土，现收藏于浙江省博物馆；另一件被瑞典斯德哥尔摩远东古物博物馆珍藏，堪称稀世瑰宝。浙江省博物馆收藏的“尚药局”款阴刻龙纹盖盒（图 5-08），整器高约六七厘米，瓷盒的接口处上下，釉下横排楷书款刻“尚药局”。盖面刻有一条三爪盘龙，张口昂立的龙头、强健有力的龙爪，刀法犀利流畅。铭文及龙纹都属釉下阴刻，即刻在半干的坯胎上，再上釉烧制，使字迹和纹饰完全被罩在釉下，须得仔细观察，方能看得真切。

定窑白瓷中还有不少刻有宫殿名称的字款，如“奉华”“慈福”“德寿”“寿慈”“聚秀”“寿成殿”“东宫”“内苑”“皇太后殿”等等，不一而足，绝大部分都是瓷器运到宫

图 5-08 北宋—金 定窑“尚药局”款阴刻龙纹盖盒
浙江省博物馆藏

廷后，根据需要刻上去的。

值得关注的是，尽管有史料记载定窑瓷器在北宋晚期因芒口而被排除在宫廷用瓷之外，但随着宋室南迁，定瓷在南宋宫廷中重新受到喜爱和重用。定窑白瓷在南宋京城临安大量出土，充分说明了这一点。有人认为临安城出土的定瓷应属北宋制品，可能是宋室南迁的携带之物。笔者以为这样的认识是片面的。试想，宋室南渡之时一路有金兵追赶，包括高宗在内的皇室成员连自家性命都难保，在如此狼狈的情形下，谁还会在乎仅仅只为日常吃喝所需又极易破碎的瓷器呢？更何况这些具备了北宋末至金早期定瓷特点的产品在南宋京城的出土量并不少，这就更难认定它们属于南渡携带之物了。北宋灭亡后，定窑的生产未受太大影响，仍保持着较一般窑场更高的品质，并依旧作为贡品为朝廷使用。定窑近年的考古发掘亦表明，金早期的定瓷的确延续了北宋晚期的高品质生产，包括“尚药局”“尚食局”款的产品，进入金朝后仍在生产。

第六章
千峰翠色越州窑

越州窑简称越窑，是我国古代著名的青瓷窑系。早在东汉时就烧成了我国最早的青瓷，揭开了人类瓷器史的第一个篇章。自东汉一直到南宋初，在宁绍平原这片青山绵延、绿水环绕的沃土上，越窑持续了长达 1100 余年的青瓷生产。这期间，越窑对内上贡朝廷，下供庶民，备受青睐；对外远销至亚洲、非洲等 20 多个国家和地区，是唐宋时期广受追捧的外销瓷种。

唐代茶圣陆羽在《茶经》中，将青瓷比作玉和冰、白瓷比作银和雪，认为玉雅银俗，冰雅雪俗，青瓷比白瓷更宜茶。尽管这只是陆羽的一家之言，但我们回望越窑发展历史，会发现唐宋时期是越窑的鼎盛期，越窑青瓷以精湛的制作工艺和如冰似玉的釉色赢得了文人墨客的赞赏，如陆龟蒙：“九秋

图 6-01 唐 越窑“秘色瓷”八棱净瓶
陕西扶风法门寺地宫出土
法门寺博物馆藏

风露越窑开，夺得千峰翠色来。”孟郊：“蒙茗玉花尽，越瓯荷叶空。”徐夤：“捩翠融青瑞色新，陶成先得贡吾君。巧剜明月染春水，轻旋薄冰盛绿云。”等等。“秘色瓷”更是成为一代名瓷，作为地方贡品供奉朝廷，据文献记载，仅北宋初期吴越国所贡越瓷就达 14 万件之多。（图 6-01）

人们常说古瓷尚青，而青瓷的极高境界就是如冰似玉。越窑先进的制瓷工艺，以造型、釉色取胜的审美理念，直接或间接地对耀州窑、汝窑、湖田窑、龙泉窑、南宋官窑、高丽青瓷窑等中国南北方众多窑场和朝鲜半岛、日本的制瓷业产生了深远的影响。所以无论在越窑制瓷工艺还是审美层面，“母亲瓷”这个称谓对越窑所产瓷器来说都是恰如其分的。

一、置官监窑与制样须索

北宋太平兴国三年（978）五月乙酉（初一日），吴越第五任国王钱弘俶迫于时局形势压力，北上汴京（今河南开封）纳土归宋，吴越钱氏在两浙的统治至此终结。五月乙酉（初一日）至八月丙辰（初四日），北宋朝廷完成了与吴越政权的全方位交接。此前生产大量精美青瓷进贡的越窑继续受到北宋朝廷的重视，由朝廷派员全面接管越窑窑务，自此，越窑生产在宋朝廷监“越州瓷窑务”官的直接管理下，迎来了别开生面的新局面，且持续了相当长的时间。

不同于晚唐五代越窑青瓷光素无纹的总体面貌，北宋初开始大量制作细线划花产品，颇具新意。这种装饰手法以纤细的线条勾勒图案，可表现丰富的内容，所以又被称为“线

图 6-02 北宋 越窑青瓷划花海水摩羯纹碗
上海博物馆藏

刻”。主题纹样多取鹦鹉、摩羯、龟荷、花鸟、云鹤、孔雀、双凤、龙纹、四荷纹、莲瓣、牡丹、菊花等珍禽瑞兽、奇花异草题材，并以卷云、卷草、折枝花卉等为辅助纹饰，线条纤细流畅，构图规整对称，图样繁密严谨，配以修坯精细、轻薄的胎体，浅淡光润的青绿釉色，体现出鲜明的宋代工艺美术特征。（图6-02）精美繁复、布局规整、丰富多样并成套式的细线划花图案和器型样式，其制图与设计都非一般民间窑匠师们所能企及。有学者推测，越窑的细线划花纹饰与风格有可能受到了北宋初期宫廷院体画高贵典雅又精巧秀润风格的影响。

制样须索，是北宋朝廷在越窑置官监窑后推行的制度，先由宫廷制作画样图稿，再经监“越州瓷窑务”官指定制瓷技术水平高的民窑，按样式和规定的数量进行烧造。在慈溪上林湖窑址，发现一些刻有“官样”字款的越窑青瓷标本，也即“制样须索”的样品，以盘、碗、盏等日用器为主，它们无疑是这一时期越窑“制样须索”制度的实物例证。

仁宗时期曾任余姚知县的谢景初，在任时所作《观上林埴器》一诗，真实描写了当时上林湖越窑的窑业状况，具有重要的史料价值。全诗如下：

作灶长如丘，取土深于堑。踏轮飞为模，覆灰色乃绀。力疲手足病，欲憩不敢暂。发窑火以坚，百裁一二占。里中售高价，斗合渐收敛。持归示北人，难得曾罔念。贱用或弃扑，争乞宁有厌。鄙事圣犹能，今予乃亲觇。[1]

[1] [宋] 谢景初：《观上林埴器》，收录于 [宋] 孔延之《会稽掇英总集》卷十三，文渊阁四库全书本。

诗的前半部分描写了上林湖越窑巨大的生产规模、瓷器的生产过程以及窑工的辛苦劳作，后半部分则记述了“北人”对越窑瓷器的珍爱。诗中虽没有贡瓷器的内容，但通过北方人对越窑瓷器“争乞宁有厌”的描写，可想见此时越窑瓷器的精美以及在北方受珍视的程度。辽统和十五年（997）韩佚墓以及辽开泰七年（1018）辽陈国公主墓出土的越窑青瓷具有相当的代表性。

图 6-03 北宋 越窑青瓷宴乐人物纹注子
首都博物馆藏

韩佚墓位于北京西郊八宝山，1981 年被发现。韩佚是辽开国功臣韩延徽之孙，生前任辽兴军节度副使、银青崇禄大夫、检校国子祭酒兼监察御史、武骑尉，其墓中出土了 9 件秘色瓷器。这件划花宴乐人物纹注子（图 6-03），葫芦形钮盖，花瓣形直口，瓜棱状圆腹，矮圈足，长流高曲柄，施青绿色釉，腹壁两面分别绘四人宴乐图，人物高髻发型，着广袖宽袍席地两两对向而坐，在重峦叠翠、祥云飘浮间举觞共饮，席间鲜果满盆。画面线条流畅飘逸，构图疏朗雅致，给人以清逸飘洒之感，是集实用与艺术于一体的越窑秘色瓷珍品。

1985 年在内蒙古自治区哲里木盟奈曼旗青龙山镇发现的辽开泰七年（1018）辽陈国公主与驸马萧绍矩合葬墓中，

图 6-04 北宋 越窑青瓷划花缠枝菊花纹花口盘
内蒙古自治区文物考古研究所藏

出土了 12 件越窑秘色瓷，以划花双蝶纹花口盘与划花缠枝菊花纹花口盘（图 6-04）最为精致。器形均作六曲花瓣形，内底分别线刻双蝶与细重枝菊花纹样，线条流畅清晰，构图饱满清晰，釉色莹润光亮。其中菊花纹花口盘外底还刻有“官”字款。对蝶图案是唐宋时期一种流行装饰纹样，除了常见于瓷器，也有带对蝶图案的玉器和银器出土。

从文献记载看，直到北宋中期，越窑仍是北宋宫廷用瓷的主要来源之一，尽管进贡的数量较过去已大为减少。这种情况到 11 世纪后逐渐改变。越窑高质量产品的不断输入，在一定程度上刺激了中原地区制瓷业的创新和发展。耀州窑、定窑等窑场都曾受到越窑影响，产品面貌上发生了新的变化。如浅浮雕式刻花和细线划花等装饰手法，都与越窑青瓷一脉相承。

考古资料显示，至北宋晚期，越州窑业整体上已日趋衰微。成书于宣和年间的徐兢《宣和奉使高丽图经》言："越州古秘色，汝州新窑器，大概相类。"[1]由此可知在北宋末年，越州"秘色"已成古物。此时的越窑产品已经没有了往昔润泽光亮的釉色，呈现出灰暗的色调，虽偶有精品出现，但也是屈指可数。有意思的是，越窑此时开始出现印花装饰，反映出北方耀州窑和定窑的烧造工艺开始反过来影响越窑。越窑与北方窑口的时空互动，生动地折射出宋代民窑生产能繁荣兴盛的本质动因。

❶［宋］徐兢：《宣和奉使高丽图经》，商务印书馆 1937 年出版。

二、南宋越窑的转型

成书于南宋中晚期的《坦斋笔衡》中"若谓旧越窑，不复见矣"[2]之说，曾在相当长时间内让人相信北宋晚期是越窑生产的下限。然而明嘉靖时人李日华在《六研斋笔记》中又有"南宋时，余姚有秘色瓷，粗朴耐久，今人率以官窑目之"[3]的记载，陶瓷考古界觉得有必要厘清越窑瓷业衰落与消亡问题，于 20 世纪 90 年代起对上林湖及其周边窑址进行大规模

❷［宋］叶寘：《坦斋笔衡》，见《南村辍耕录》卷第二十九《窑器》，中华书局点校本，中华书局 1959 年出版。

❸［明］李日华：《六研斋笔记》卷二，凤凰出版社 2010 年出版。

图 6-05 南宋 越窑天青釉鸟食罐
浙江省文物考古研究所藏

图 6-06 南宋 越窑天青釉碗残片
浙江省文物考古研究所藏

勘察调查，在古银锭湖窑区的低岭头、开刀山、张家地、寺龙口等窑址发现了南宋越窑遗存。发掘结果表明，越窑的下限至少可延续至南宋早期，且南宋窑业生产存在着两种不同风格。除越窑传统的青釉产品外，还有一类风格迥异的新产品，

图 6-07 南宋 越窑青瓷划花三足炉
浙江省文物考古研究所藏

格外引人注目：除了碗、盘之类的日用瓷，还有觚、钟、鬲式炉、葱管足炉、尊、梅瓶、折肩瓶等陈设用瓷，部分器物为素面，通体施不透明的乳浊釉，釉色呈天青、月白等色，烧成工艺与北宋清凉寺的汝官窑产品有很大的关联性，被考古学界称为“低岭头上层类官窑型产品”。（图 6-05、06、07）

20 世纪 90 年代中期，一部重要的南宋史书——《中兴礼书》在北大图书馆被发现。据《中兴礼书》卷五九《明堂祭器》记载，绍兴元年至绍兴四年（1131—1134），为宫廷烧造祭祀用瓷器的地点即在余姚（南宋时的余姚包括今余姚、慈溪等地）：

（绍兴元年）四月三日，太常寺言，条具到明堂合行事件下项，一、祀天并配位，用匏爵陶器，乞令太常寺，具数下越州制造，仍乞依见今竹木祭器样制烧造。

（绍兴）四年，工部言，据太常寺申，契勘今来明堂大礼，正配四位合用祭器，已降指挥下绍兴府余姚县烧造……

将这段史料与考古成果对应，似可确定低岭头类型窑业即为绍兴初年宫廷祭器的烧造地。这些"官窑型"产品具有承上启下的性质，它把越窑、汝窑与南宋官窑紧密联系了起来。

三、越窑的"陶瓷之路"

20世纪60年代，日本著名学者三上次男在对亚洲和非洲滨海地区出土的中国古陶瓷进行广泛调查后，提出："在中世纪时代，东西方两个世界之间，联结着一根坚强有力的陶瓷纽带，它同时又是东西方文化交流的桥梁。"他给这条联结东西方的海上航路取名为"陶瓷之路"。[1]这是一条有别于"丝绸之路"的中外文化交流的通途，如果单以古陶瓷输出而言，它的历史比"丝绸之路"要晚，但它的涉及范围却比"丝绸之路"广袤得多。"陶瓷之路"起点为东南沿海的扬州、杭州、明州（今宁波）、温州、泉州、广州等古代贸易港口，在穿越茫茫大海后，到达亚、非、欧各国。

[1]（日）三上次男：《陶瓷之路——东西文明接触点的探索》，天津人民出版1983年出版。

越窑青瓷是我国最早销往海外的贸易陶瓷，它与长沙窑、邢窑、定窑等同属于“陶瓷之路”的先行者和探路者。研究表明，中国古代通过海路外销瓷器大约始于8世纪后半叶，9—10世纪为第一次高潮，这期间，越窑外销的数量比较有限。10世纪后半叶，越窑瓷器一跃而成为当时中国最主要的外销瓷。其中，井里汶沉船出水的数量巨大的越窑瓷器最能说明问题。

2003年，在印度尼西亚爪哇省井里汶附近海底发现的一条沉船，由于其中的一只越窑刻花莲瓣碗上刻有“戊辰”纪年，结合对比其他考古材料，考古专家将这批出水瓷的年代划定在10世纪的后期，即北宋初年。

根据发掘者的报告，在出水的49万多件器物中，中国瓷器占了75%，其中除少量白瓷器外，绝大部分是越窑青瓷器，数量超过了30万件，有碗、盘、托盏、杯、瓶、罐、盒、炉等多种器型，其中包括以前主要在北方窑口发现的鸡冠壶和仿金银器造型的器物。划、刻、印、镂、贴、塑等今天所知的10世纪越窑所拥有的所有装饰技法，在这批出水瓷上都能见到；装饰纹样更是丰富多彩，许多纹样超过了我们今天对这一时

图 6-08 五代—北宋初 越窑青瓷倭角套盒
井里汶沉船出水

段越窑青瓷的固有认知。

如井里汶沉船出水的套盒（图 6-08），相似的器型可见于河南巩义北宋太宗元德李皇后陵墓及杭州临安区吴越国王钱元罐妻马氏康陵墓出土物（图 6-09）。

同船出水的摩羯形器（图 6-10），与前几年杭州城市建设中出土的一件从造型到装饰都近乎一致（图 6-11）。

另外，此船出水的一件皮囊壶（图 6-12）较为罕见，之前仅见于南通博物苑收藏的一件（图 6-13）。

这些出水瓷虽经历千年之久的海水侵蚀，器表釉面斑驳干涩，但依然能判断出属质量上乘之作，且其中出现了与供御性质相似的产品，这就充分说明了一个问题，虽然越窑在五代至北宋初明确是贡御的窑场，而且拥有一种设窑务并派官监烧的管理体制，但当时的实际情况很可能是，越窑生产的精美高档瓷器，既被选来用于贡御，也可用作商品外销，此

图 6-09 北宋 越窑青瓷倭角方形套盒 吴越国康陵墓出土
杭州市临安区博物馆藏

图 6-10 五代—北宋初 越窑青瓷摩羯形器
井里汶沉船出水

图 6-11 五代—北宋初 越窑青瓷摩羯形器
杭州市文物考古研究所藏

图 6-12 五代—北宋初 越窑青瓷皮囊式壶
井里汶沉船出水

图 6-13 五代 越窑青瓷皮囊式壶
南通博物苑藏

时皇室对器型和纹样使用的限制和规范似乎也没有那么严密和苛刻。

从已知海外考古材料看，越窑青瓷成规模地外销，自唐经五代至北宋，已拥有了广阔的国际市场。从韩国、日本，到菲律宾、印度尼西亚、泰国，再到印度、巴基斯坦、伊朗、伊拉克，乃至非洲的埃及、肯尼亚……在亚非各国的沿海主要港口和城市发现的丰富的越窑青瓷遗存，向世人勾勒出一幅越窑“陶瓷之路”的壮丽画卷。

第七章
精比琢玉耀州窑

一、发现窑神碑

在西安碑林博物馆陈列室的西南角，有一块矮小不起眼的石碑——《德应侯碑》，却因为碑上详细地记载了北方青瓷的代表——耀州窑的烧造盛况，而成为我国最早的窑神碑。说起来，这块碑的发现颇具传奇色彩。

20 世纪 50 年代初，我国著名的古陶瓷专家陈万里、冯先铭二位先生来到陕西省耀县（今耀州区）黄堡镇调查耀州窑遗址。他们打听到 210 国道边一所小学是窑神庙故址，便入校查看，但见院内竖立的几通碑石记载着东岳庙的建筑沿革，并未记载窑神庙。两位专家并未就此打道回府，而是继续细心地查看学校的建筑物和每一个角落，当他们来到厨房前，发现师生用膳的石桌竟是一块石碑，两位专家俯下身子仔细查看，碑首“德应侯碑”四个苍劲楷书大字赫然在目。我国存世最早的一块窑神碑，就这么奇迹般地被发现了。为了保护好窑神碑，西安碑林博物馆派出专家与当地政府协商，当即雇用车马，将其运到碑林保存。

“德应侯”是古耀州黄堡镇之山神。时人在采取陶土、烧造瓷器时，都要供奉山神来保佑自己，久而久之，山神变成了窑神。黄堡镇的山神庙（即窑神庙）本来叫紫极宫，宋神宗在熙宁年间（1068—1077），应耀州知州阎公的要求，将黄堡的窑神封为德应侯。这样一来，紫极宫就变成了德应侯庙。元丰七年（1084），张隆等人为纪念此事，在德应侯庙立了一块碑，叫《宋耀州太守阎公奏封德应侯之碑》，简称《德应侯碑》。（图 7-01）它的发现印证了耀州窑的辉煌历史。

耀州窑的烧造历史始于唐代，北宋末年为其鼎盛期。其窑址位于陕西省铜川市黄堡镇，旧称同官，因宋代时属耀州，故名“耀州窑”，包括陈炉镇、立地镇、上店镇及玉华宫等窑在内，是宋代北方青瓷的主要产区之一，据记载曾为朝廷烧

图 7-01 北宋元丰七年（1084）所立德应侯碑拓文 西安碑林博物馆藏

造“贡瓷”。令人遗憾的是，这处具有辉煌制瓷历史的古瓷窑在中华人民共和国成立前仅留存在文献记录里，好多专家曾错将耀州青瓷误认为其他窑场的产品。《德应侯碑》碑文中写道：“……侯据黄堡西南，附于山椒。青峰回护，绿水旁泻，草木奇怪。下视居人，如在掌内。居人以陶器为利，赖之谋生，巧如范金，精比琢玉。始合土为坯，转轮就制，方圆大小，皆中规矩。然后纳诸窑，灼以火，烈焰中发，青烟外飞，锻炼累日，赫然乃成。击其声，铿铿如也；视其色，温温如也。”可以说，碑文对耀州窑的发现历史、制瓷、烧成工艺的成就以及黄堡镇的自然环境、居民从业结构、陶业生产方式、生产关系等方面都做了翔实记载。

得益于《德应侯碑》的发现，耀州窑址于1958年被指定为考古的重点遗址之一，并成为中华人民共和国成立后较早被发掘的古窑址之一。

二、考古收获

由陕西省文物考古研究所主持的耀州窑考古发掘和研究工作，自1958年开始，迄今已达半个世纪之久，先后共发掘出2万平方米，清理出作坊和窑炉各200余座。其发掘共出土了200多万件（片）器物，可以说是我国当代陶瓷考古时间最长、规模最大、所获遗迹最丰富的一个，耀州窑的烧造历史也因此得以真实还原。从创烧于唐代的黄堡窑址，到延烧至今的陈炉，已有近1400年的延续烧瓷史。

黄堡窑场是耀州窑的中心窑场，它位于铜川市郊黄堡镇，这里青峰回绕，漆水旁泻，在漆水河两岸，瓷窑和作坊星罗棋布。除此之外，还包括了陈炉、立地坡、上店、玉华和塔坡等窑址。

宋代是耀州窑最为鼎盛的时期，从原料配置到制作工艺再到窑炉结构等工艺流程，耀州窑在当时都属先进行列。最值得称道的是装饰工艺，其独具特色的刻花和印花，被后人誉为“宋代青瓷刻花之最”。《德应侯碑》生动形象地表述了耀州窑的生产过程和产品特色；而大量考古发掘及传世品也印证了碑文所言不虚。北宋早期，耀州窑延续烧造五代时独创的天青釉产品，并受越窑影响，增添了独具特色的剔花工艺（如耀州窑青釉剔花牡丹纹倒装壶）。所谓剔花，是采用比刻花更深的偏刀深挖法，先在坯体上划出纹饰轮廓，然后用刀将花纹以外的地子削掉，形成一个明显的斜面，又称“减地”装饰，由此形成的反差使花纹呈现微微凸起的浅浮雕效果，花蕊、叶脉等细节则采用划花技法，用浅细的阴刻线来表现。两种刀法深浅有致，刚柔相济，装饰效果极佳。这件北宋早期的青釉剔花牡丹纹倒装壶（图 7-02）就是非常典型的例子。壶身整体呈圆形，壶顶与提梁衔接，提梁巧妙设计成一只展翅欲飞的凤凰，美观而实用。壶腹剔刻一周牡丹纹，犀利的刀法、流畅的线条，使得牡丹呈现出灵动的艺术效果。最下层饰一圈仰莲纹，整体构图饱满。壶流塑造了一对母子蹲狮，母狮引颈抬头，利齿外露，做警惕状，四肢骨骼肌肉强劲，

图 7-02　北宋　耀州窑青釉刻花倒装壶
陕西历史博物馆藏

有一种不言而喻的气势与威严感，护卫着怀中吸吮乳汁的幼狮，生动逼真。

倒装壶亦被称作倒流壶，是宋代的酒具。壶虽有流和柄，但无口、无盖，壶底中心有一小孔，内与漏柱相连，酒通过壶底小孔与漏柱进入壶内壁，将壶放正后，底部小口不会泄漏一滴酒，很是神奇。

由于用“减地”的方法剔刻过深，在实际运用中存在诸多问题，如坯体结构改变较大，无疑增加了烧成难度；适合装饰的器物品种仅限于胎骨较厚的壶、罐、瓶等；且费工费时，增加生产成本。这些显然有悖于以商品生产为主的民窑发展导向，因而，剔刻装饰手法在流行了一段时间后便偃旗

图 7-03 北宋 耀州窑青釉刻花水波游鸭纹碗
故宫博物院藏

息鼓了。

北宋中期以后，一种新的刻花装饰手法在耀州窑兴起。它不同于“减地”，而采用“半刀泥”的技法，行刀较浅，刻与篦划结合，图案线条更具宽窄粗细的变化，辅之以青绿莹润又具玻璃质感的釉层，使得装饰的花纹得以清晰地表现出来。如故宫博物院所藏青釉刻花水波游鸭纹碗（图 7-03），碗呈六瓣花式，青绿的釉色泛着一层莹润光泽。碗心采用刻花与篦划结合的装饰手法，使游鸭与水波纹具备了强烈的动感，与六道凸起的棱线完美结合，令画面具有呼之欲出的生动效果。

与刻花工艺一样流行的，还有印花工艺。印花的制作，不仅使装饰工艺变得简捷、快速，而且大大增加了纹样图案的多样性，使得耀州窑青瓷的流布范围快速扩大，对耀州窑系的形成起了推动作用。这件青釉印花碗（图 7-04），将其与制

图 7-04 北宋 耀州窑青釉印花缠枝菊纹碗
耀州窑博物馆藏

作它的模子（图 7-05）比照，可以使我们对印花工艺有更真切的了解。可以看出，印花图案的结构规整而丰满，讲究对称。虽为模印，却也有线、面、体的变化，施以一层青色釉，更有深浅浓淡的效果，在装饰风格上与刻花有着异曲同工之妙。

三、家族墓出土的耀州瓷

要了解耀州窑宋代瓷器，不能不提陕西两个著名的墓葬考古发现：一是 2006 年蓝田县北宋中晚期吕氏家族墓地；二是 2020 年在西安发掘的北宋晚期孟氏家族墓葬。两者都出土了数量多、品质精的耀州窑瓷器。

2006 年，文物部门接到举报电话，称有人盗挖蓝田吕氏

图 7-05 北宋 耀州窑缠枝菊纹盏内范
耀州窑博物馆藏

家族墓，古墓受损严重。考古人员接到电话，马不停蹄地赶往现场，发现被盗的古墓是北宋“吕氏四贤”家族成员之一的墓葬。蓝田吕氏是北宋晚期陕西西安地区的名门望族，在北宋世居高官，在文化界影响深远，在收藏界举足轻重。其兄弟四人皆是北宋晚期名士：吕大防是宋哲宗时期权倾朝野的宰相；吕大忠与吕大钧既是金石学家，又是西安碑林的奠基人；吕大临则是著名的古器物学家，他所编纂的《考古图》流传至今，被誉为中国考古学的鼻祖。他们深受当地人爱戴，被称为“吕氏四贤”。但最令人意外的是，盗墓贼竟然是吕氏后人，实在令人感叹。

在随后三年多的时间里，考古人员对整个蓝田吕氏家族墓地进行了考古发掘工作，清理出墓葬 29 座，出土遗物共计一千余件（组）。从墓志纪年判断，吕氏家族墓地的使用时间，上溯宋神宗熙宁七年（1074），下迄徽宗政和七年（1117），共 43 载。出土瓷器中，除耀州窑青瓷外，亦有少量定窑白瓷、景德镇青白瓷、建窑黑釉瓷以及耀州窑酱釉瓷、黑釉瓷等。这些瓷器或出自纪年墓，或与其他带有年款的器物如石器、铜器、砚台等伴出，故多数年代相对明确，即多属 11 世纪偏后至 12 世纪初叶（北宋中后期）流行器或代表性品种，具有重要的考古断代编年价值。

这批瓷器涉及餐具、酒具、茶具、香具、文房用具、闺阁用具、佛事用具、礼器、日常杂器等九个不同的生活领域用具，与当时的随葬风气不同，多以墓主生前常用和喜爱的各种生活物件为主，具有宋代文人世家仿效古礼的特征。细观其中的耀州窑青瓷，胎体打磨之精细、釉质之纯净、釉色之精美，可与越窑秘色瓷媲美，无疑代表了宋代北方青瓷最高水平。很多瓷器上，还镶有金扣和银扣，可见规格之高。

陕西历史博物馆所藏青釉刻花葵口钵（图 7-06），葵口镶银扣，十二曲出筋，深弧腹，内凹底，卧足无釉。钵内壁以及内

图 7-06 北宋 耀州窑青釉刻花葵口钵
陕西历史博物馆藏

底都刻有折枝牡丹纹，外壁是缠枝牡丹纹，釉色明亮，给人富贵华丽之感，是目前所知的全球唯一孤品。

北宋耀州窑除典型产品青釉瓷器外，还生产黑釉、酱釉瓷器。

北宋中晚期自上而下风靡斗茶，因白色茶沫配以黑色茶盏更显黑白分明，所以以福建建窑为代表的黑釉茶盏颇为盛行，引得南北众多窑口竞相仿制。耀州窑的这类黑釉盏即是其中之一。陕西省考古研究院所藏敞口黑釉盏（图 7-07），内外壁通施黑釉，釉面光洁明亮，有银灰色油滴状斑痕。胎质坚硬细密，具备典型的耀州窑胎釉特征，其浑朴之感不亚于建窑黑盏。

酱釉又称为紫釉，本属定窑著名的色釉产品，因其畅销，北宋晚期耀州窑也曾大量生产。陕西省考古研究院所藏酱釉葵口盘（图 7-08），六曲葵口，浅腹下折收，圈足，做工细致。

图 7-07 北宋 耀州窑黑釉盏
陕西省考古研究院藏

图 7-08 北宋 耀州窑酱釉葵口盘
陕西省考古研究院藏

图 7-09 北宋 耀州窑狻猊钮盖熏炉
陕西省考古研究院藏

满施酱紫色釉，釉面均匀明亮，釉色与紫定非常接近，器壁稍厚，较紫定更具厚重感，当属宋代耀州窑的精良之作。

2020 年在西安发掘的 5 座北宋晚期孟氏家族墓葬，系关中地区继蓝田吕氏家族墓葬发现以来，宋代考古又一重要发现。据墓志记载，5 座墓为宣和五年（1123）同一天迁葬。由于其中四位墓主人生年均未过 30 岁，故此墓地被称为“早亡人的安魂之所”。墓葬出土耀州窑瓷器共计 60 余件（套），以茶具、酒具及其他生活用器和祭祀礼器为主，而且器形基本保存完整，尤以两件狻猊钮盖熏炉（图 7-09）最为精美罕见。此时好古之风盛行，徽宗敕撰《宣和博古图》，这批青瓷中较多的仿古器型，应该也是这一风潮下的产物。

四、耀州窑系

耀州窑不凡的制瓷技巧和洒脱活泼的风格，使得其在市场的激烈竞争中脱颖而出。在神宗至徽宗的三十来年间，耀州窑曾为朝廷烧制贡瓷，至北宋晚期宫廷用瓷虽已由汝窑、官窑、钧窑等替代，但此时的耀州窑青瓷在民间深受欢迎，不少窑场竞相仿烧，由此形成了一个自北而南范围广阔的耀州窑系。

铜川邻近的旬邑窑和河南省境内临汝窑、宜阳窑、宝丰窑，新安城关窑，禹县的钧台窑，内乡县的大窑店窑等窑场都烧制与耀州青釉刻、印花装饰风格相类的产品。宋朝非常重视海外贸易，瓷器作为重要的出口商品向外大量地输出，但瓷质产品易碎的缺陷使其不宜中途转运和长途运输，因此，宋时的外销地发生了显著的变化，烧造外销瓷的产地也从内地转移到沿海地区。由于耀州窑青瓷的盛名和对外的影响，仿烧耀州窑青瓷在沿海地区也迅速发展起来。广州的西村窑在胎质、釉色和造型方面均对其进行全面的模仿；广西容县的城关窑、永福的窑田岭窑所仿的敞口、小圈足印花盏可谓仿烧耀州窑器物的出色作品。各地仿烧水平参差不齐，但可以看出它们与耀州窑之间的密切关系。

以广西地区的窑业为例：印花是两宋时期广西瓷器运用最多的装饰手法。根据考古发现不难判断，宋代广西地区流行蘑菇形的印模，俗称“花头”，印面刻有缠枝花卉、海水游鱼、海水摩羯、莲池鸳鸯、攀枝婴戏等题材的纹样，这明显取

图 7-10 宋 广西藤县中和窑“花头”

材于宋代耀州窑。但“花头”的基本特征为：印面圆凸，粗大把柄，中空，这在形制上显然与耀州窑的印花模具相去甚远。（图 7-10）

窑田岭窑是宋代广西地区规模最大的仿耀窑场，其装饰手法包括印花、刻划、彩绘、堆塑等，其中又以印花为主。刻花仅多见于碗、盘、碟、盏、杯等日用器物外壁，刻花题材亦多为耀州窑流行的莲瓣纹或菊瓣纹，但窑田岭窑的刻花器物相对不多且工艺欠佳，刻花工艺的精细程度远不及耀州窑。耀器以精湛的刻技闻名于世，但窑田岭窑仿耀青瓷产品中的佳品多由印技而来，究其差异的原因在于：刻花工艺的掌握往往离不开陶工日积月累的学习和经验，并非一蹴而就；再者，印花工艺更适合大规模的生产以供应日益增长的市场需求，较易为制瓷业基础比较薄弱的广西窑口所掌握。可见，窑田岭窑在学习耀州窑装饰手法的同时，也懂得扬长避短，因地制宜。

耀州窑的这种广泛而深刻的影响，使宋代青瓷的生产以铜川的黄堡镇为中心，形成一个艺术风格相近的烧造刻、印花的群体，即为国内外陶瓷史界所公认的——耀州窑系。

第八章
堪比美玉龙泉窑

我国著名的陶瓷考古学家陈万里先生曾经这样说过:“一部中国陶瓷史,半部在浙江;一部浙江陶瓷史,半部在龙泉。”在中国陶瓷史上,龙泉窑可谓是历史最为悠久的一个瓷窑。它形成于北宋,衰落于清初,自成体系的生产历史达七八百年之久。窑址广泛分布于今浙江西南部的龙泉、庆元、云和、遂昌、松阳、丽水、缙云、景宁、青田、永嘉、泰顺、文成等地,并进而影响到福建、江西、湖南乃至更远的区域,已发现的各时期青瓷窑址多达六百余处。龙泉青瓷产品不仅行销全国各地及供宫廷御用,而且自宋代起通过陆、海两路远销亚、非、欧的五十多个国家和地区,是我国制瓷历史上罕见的窑场众多、范围广阔、生产规模和外销范围最大的瓷窑体系。

一、开创期：从淡青釉瓷器到刻划花瓷器

在已知记有龙泉窑的古代文献中，以南宋初年庄绰《鸡肋编》记载为最早："处州龙泉县……又出青瓷器，谓之秘色，钱氏所贡，盖取于此。宣和中，禁庭制样须索，益加工巧。"[1]文中将龙泉窑误认为吴越钱氏烧造"秘色"，而北宋末宣和年间"制样须索"的情况，尚需得到考古证实。成书于南宋中期的《坦斋笔衡》对北宋末年龙泉窑则有"质颇粗厚"的评价。

[1] [宋] 庄绰：《鸡肋编》卷上，《琳琅秘室丛书》本。

由窑址发掘资料可知，北宋早期龙泉金村、庆元上垟等窑场受瓯窑、越窑和婺州窑影响，开始烧造一种淡青釉瓷器，胎薄质细，因铁含量低而呈白色，釉层薄而透明。常见产品有碗、盘、盏托、执壶、盒、罐、梅瓶、多管瓶、盘口壶等，制作精细，造型优美。装饰手法以纤细的划花和双线刻花为主，有莲瓣、牡丹、菊瓣、梅花、蕉叶、水波纹、龙纹、八卦和弦纹等。看来，庄绰所言虽有张冠李戴之嫌，却也并非虚言。

多管瓶和盘口瓶是此时期龙泉窑新出现的品种，在龙泉及周边地区墓葬中，两者往往成套出土，有可能是根据当

图 8-01 北宋 青釉划花云纹双系盘口盖瓶
龙泉青瓷博物馆藏

图 8-02 北宋 青釉刻花蕉叶纹五管盖瓶
龙泉青瓷博物馆藏

地丧葬习俗而生产，在其他地区未见。（图 8-01、02）。多管瓶以四管、五管居多，英国V＆A博物馆还收藏了一件十五管瓶。

大致从北宋中期开始，龙泉窑产品发生较大变化，最明显的特征是胎体增厚，因含铁量较高而呈灰色，釉色变深呈现青绿色或者青中泛黄。器型逐渐演进丰富，多实用器皿。盛行题材多样的刻划花并辅以篦点或篦划装饰，常见的有团花、波浪纹、篦纹、折肩纹、云纹、莲花、荷叶、缠枝牡丹、莲瓣纹、蕉叶纹等。

图 8-03 南宋 龙泉窑青瓷云纹莲花碗
浙江省博物馆藏

二、承前启后的南宋龙泉窑业

南宋前期的龙泉窑，由于制釉技术的提高，使釉层透明如镜，呈色也较深，尤其是胎色呈深灰的器物，釉色往往在青绿中泛出些许灰色；胎质比较细密白净的，其釉色相应地会较为青绿。这说明烧造技术已显著提高，工匠能较好地把握火候和还原气氛。特别是在装烧方法上，坯件都用匣钵装烧，使产品质量进一步提高。纹饰由内外双面刻画演变为内壁单面刻画，北宋时常见的篦划装饰已不再流行，取而代之的是构图洗练、刀法简洁的 S 形复线与卷云纹相结合的刻花，与“葵口出筋”装饰共存。（图 8-03）同时，在碗、盘的内底出现了印章式文字，如“河滨遗范”“金玉满堂”等吉祥语、广告语等。从装饰上看，本时期已由以前呆板的图案画转变为生动活泼的写意画，如生动的云纹、水波纹、蕉叶纹和活泼的凤、鱼、雁等等。

大致到了南宋中期前后，在大窑等地的部分窑场，可能受南宋官窑制瓷技术影响，对青瓷的造型设计、胎釉配方、上釉技术和成型装饰等都进行了重大改革，开始烧制与传统龙泉青瓷判然不同的“薄胎厚釉”高档产品，制作精细，式样优美，种类繁多，分为黑胎青瓷和白胎青瓷两种。尤其是光泽柔和的粉青色釉和碧绿的梅子青釉，可以说代表了龙泉青瓷生产的最高水平。由于加厚了釉层，此前流行的刻花、印花纹饰被厚釉盖住不易显现出来，故此期产品器面的装饰开始变得比较少，更注重在造型上下功夫，装饰有浮雕、出筋和贴花等，在厚釉的映衬下，显得安静素雅。（图 8-04）这种高档制品不仅被征作宫廷用瓷，而且其中的主打产品——白胎类厚釉青瓷还被远销到日本等海外市场。

日本东京国立博物馆收藏了一件名为“马蝗绊”的龙泉窑青瓷碗（图 8-05），每一位初见它的人，都会被碗上的补丁吸引，也奇怪于这样一件经过修补的器皿，却被定级为日本重要文化财产，成为仅次于“国宝”的重要文物。碗的器型端庄简约，碗口为六瓣葵口，是南宋时期的典型器。圈足修整得很薄，体现了精湛的修坯工艺。胎色白，釉色粉青，呈现出

图 8-04 南宋 龙泉窑青瓷象钮盖罐
庆元县廊桥博物馆藏

图 8-05 南宋 龙泉窑“马蝗绊”青瓷碗
日本东京国立博物馆藏

碧玉般的质感。相传日本平安时代末期安元初年（约 1175），武将平重盛来到中国，向浙江育王山的寺院布施黄金。作为回礼，当时育王山寺院的住持佛照禅师向其赠送了一件龙泉青瓷茶碗。于是茶碗随着平重盛来到了日本。后来，这只茶碗落到了足利义政手中，成为他的爱藏。这位足利义政是室町时代（1338—1573）的将军，在 1449 年到 1473 年间是日本的执政者。有一次因使用不当，茶碗底炸出了裂璺。足利义政心疼不已，派使臣把茶碗带回中国，试图寻找替代品。然而当时的明朝，像这种品质的龙泉青瓷已经绝迹，使者只好将残碗修补后又带回日本。没想到经过修补的茶碗，反而得到了更高的评价，还有了“马蝗绊”这个有趣的名字。足利义政将它赐给自己的侍臣吉田宗临，此后代代相传，辗转又到了三井家族的手中，最终在昭和四十五年（1970）被三井家

图 8-06　南宋　青釉菱花口盘
浙江省文物考古研究所藏

族赠送给了东京国立博物馆。在吉田宗临九世孙玄怀在世的享保十二年（1727），儒学家伊藤东涯曾亲眼见到这件茶碗，并记录下了这个口口相传的故事，名为《马蝗绊茶瓯记》。一个满载着中日友谊的美丽传说，也折射出南宋龙泉青瓷佳品在日本备受珍爱的程度。

黑胎青瓷虽然在较多窑址中发现，但数量相对较少，且大都与白胎青瓷同窑烧制。它的总体特点是胎薄色黑，采用多次上釉工艺，釉色呈灰青、青绿等色泽，釉面多呈玻璃质感。其中小梅镇瓦窑路窑址发掘出土的黑胎青瓷尤为值得关注，有学者认为这类产品就是文献记载的“哥窑”。（图 8-06）

三、内销与外销

考古资料显示，南宋中晚期的龙泉窑，除了在浙江各地及江西多有发现，还远销到了福建、广东、湖北、四川、贵州、陕西、内蒙古等地。其数量之多，分布之广，无出其右。四川遂宁金鱼村窖藏和“南海一号”沉船的发现，揭开了龙泉青瓷内外销历史的冰山一角。

32 年前，四川遂宁金鱼村偶然发现一批南宋瓷器窖藏，这批宋瓷以浙江龙泉窑青瓷最为引人注目，轰动了中国田野考古界及古陶瓷研究领域。

1991 年 9 月 18 日，四川省遂宁市南强镇金鱼村（现金鱼社区）村民王世伦、文碧珍等人在自家地里发现了一批宋瓷。遂宁市文管所的相关人员和考古文物专家相继赶到王家。经考古队挖掘勘探，这批七百余年前的珍贵文物得以重见天日。这是一宗数量巨大、器物精致的宋代瓷器窖藏，也是迄今为止国内外出土宋瓷数量最多的一次，被誉为“最大宋瓷窖藏”。

所谓窖藏，是因为一些特殊原因或者突发事件，窖藏主人迫不得已将有价值的财宝和器物藏匿于地下而形成的。因此，窖藏中出土的器物一般较精美，大多属于所处时代的上等产品，这也往往反映了一个时期物质文化发展的主流。据历史记载，宋时的四川地区，经济发达、人文荟萃。然而从宋宝庆三年（1227）到祥兴二年（1279），五十余年的宋元战争导致了蜀地常常面临屠城之危，达官显贵、富商巨贾们纷纷将自己的财宝埋入地下，形成“窖藏”。

金鱼村窖藏出土完整和可复原器物千余件，以龙泉青瓷、景德镇青白瓷为主，尤其是大量精品、珍品、孤品的出现，令人叹为观止。有人曾这样评价：“遂宁宋代窖藏瓷器，尤其是青瓷，是中国陶瓷史上的巅峰之作，达到了‘至如蔚蓝落日之天，远山晚翠；湛碧平湖之水，浅草如春’的艺术境界，把青瓷之美发挥到了极致！”

四川宋瓷博物馆所藏被定为国家一级文物的荷叶形盖罐（图 8-07），罐身最大腹围近一米，其釉色碧绿如翡翠，温润如春水，线条优美流畅。这种器型在过去一直被认定为是元代才出现的，而遂宁窖藏出土的这件，不仅是国内现存同类器型中最大的一件，也是宋瓷中的唯一，堪称国宝。出土时，它位于窖藏最下层的中心位置，足见其在主人心中的地位。当器盖被打开后，里面竟然还整齐码放着 99 只景德镇青白瓷菊瓣碟。因为罐内仍留有不少空间，所以有人认为 99 是个特别设置的数字，有其特殊含义。“九”在中国传统文化中有长久之意，佛语也有“九九归一”之说，99 只碟子寄托了窖藏主人希望早日平息战乱，国家安宁、家人团聚的美好愿望。

另外，四川宋瓷博物馆所藏龙耳簋式炉（图 8-08）亦属

图 8-07 南宋 青釉荷叶形盖罐
四川宋瓷博物馆藏

少见之物，虽然当年农户的锄头给它造成了无法磨灭的伤痕，口沿处有一个尖楔形缺口，一只龙耳也因此缺损，但其规整、大气的造型依旧给人震撼之感。灰白色的胎骨细腻厚重，通体施粉青厚釉，釉面光洁滋润，口沿和足端露胎呈现火石红色。模印的夔龙形双耳是整器的点睛之笔，显示出龙泉窑模仿三代青铜器造型的匠心。

簋的祖型，是商周时期的青铜盛食器皿，一般的形制为直鼓腹，圈足外撇，龙首形双耳。在桌凳尚未发明的商周，人们在宴飨时席地而坐，簋置于席上，手取簋中食物，有些少数民族至今还保留着这种生活习惯。在商周时期，簋还是重要的礼器，在祭祀和宴飨时，它和鼎配合使用，有一套完整的用鼎制度，标志着贵族等级高低。

四川宋瓷博物馆所藏青釉刻花敛口碗（图 8-09）通体施粉青釉，滋润如玉。外壁装饰的双层仰莲瓣纹，在肥厚乳浊釉层的掩盖下若隐若现，这也是南宋龙泉厚釉青瓷较少使用装饰工艺的主要原因。碗为敛口，不适合饮用，故一般认为其功能为佛前供器或净水碗。

都说宋瓷代表中国古代瓷器审美艺术的最高境界。南宋

图 8-08 南宋 龙泉窑青釉龙耳簋式炉
四川宋瓷博物馆藏

图 8-09 南宋 青釉刻花敛口碗
四川宋瓷博物馆藏

龙泉青瓷简洁流畅的线条，莹润如玉的釉色，质朴典雅的表象却将器物的美感引向更深的层次，不仅使得龙泉窑巧工的匠意显露无遗，更让八百年后的我们看到了宋人致密心思与精致生活的相得益彰。

1987 年，广东省台山市阳江海域发现了一艘南宋初期的沉船，我国著名的考古学家俞伟超先生把它命名为“南海一号”。2007 年 12 月 21 日，沉船终于重见天日，令人惊奇的是，这艘沉没海底近千年的古船船体保存相当完好，船体的木材仍坚硬如新。船中满载着 18 万余件文物精品，包括以景德镇、德化和龙泉等南宋窑口为主烧制的中国瓷器以及一些漆器和金属制品等，绝大多数文物都完好无损。这也是迄今为止世界上发现的海上沉船中年代最早、船体最大、保存最完整的远洋贸易商船。根据出水文物的时代特征，尤其是打捞出来的铜钱的年号，其中最晚的为南宋“绍兴元宝”，故将该艘沉船的年代定为南宋早期。

沉船中发现的青瓷均被认定为龙泉窑产品，这也印证了龙泉窑是南宋时期浙江生产外销瓷主要窑口的说法。国家博物馆所藏刻花青瓷盘（图 8-10），灰胎，施透明釉，釉色青中

图 8-10 南宋 龙泉窑刻花青瓷盘 “南海一号”打捞出水
国家博物馆藏

闪黄色，圈足底裹釉、足内露胎，内壁刻大朵卷草花纹，线条简约流畅。无论器物的胎、釉、装饰特征还是装烧方法都符合两宋之际龙泉窑的典型特征。

第九章
黑白之美磁州窑

磁州窑是宋、金、元、明、清时期我国北方最大也是最具特色的民窑系统。今天河北磁县、峰峰矿区、彭城等地, 历史上曾是主要产地之一, 因窑场地处古磁州而得名。迄今发现与其生产具有相同或近似工艺特征和面貌的窑场遗址范围相当广泛, 包括河南、河北、山西、陕西、山东、安徽、宁夏、内蒙古、辽宁等地, 以河南、山西、河北最为集中, 被统称为“磁州窑系”或“磁州窑类型”。

一、一场大旱引发的大发现

北宋大观二年（1108）, 河北邢台地区的一个小镇——巨鹿古城因黄河泛滥被泥沙整体掩埋。沧海桑田, 八百一十年后的 1918 年，北方大旱，巨鹿镇陷入水源枯竭、田地龟裂的困境中。当地人纷纷掘地打井、汲水救命，不料却挖出了成批的白地黑花瓷器和铁器，一座北宋时期的古村落遗址被无意中发现，出土了一些房舍和商铺。被发现时，这座村子还完整保持着当时的状态，在房舍的土炕上，摆放着不少陶瓷制作的枕头；在瓷器铺的货架上也有许多枕头，可以猜测它们还未等售出，就被这突如其来的洪水给掩埋了。

这一意外发现惊动了各地古董商，他们纷至沓来，大量购买甚至盗掘文物并销往欧美地区获取暴利，致使遗址遭受了一场浩劫，被称为“巨鹿镇事件”。事件吸引了西方学者的高度关注，他们来到中国进行广泛调查，发现包括巨鹿镇在内的华北地区，有一个和宋、金、元时期各名窑的产品并无关联的窑口类型，其产品有个显著特征，即在施了化妆土的白地上用铁锈色的颜料描绘纹样。西方陶瓷学者在研究文章中首次使用了“磁州窑”这个词，从而在学术界确立了这个窑口的概念。中华人民共和国成立后的 20 世纪 50 年代，我国古陶瓷研究的先驱陈万里和冯先铭先生，率先对磁州观台窑遗址进行考古调查与研究，开启了磁州窑研究的崭新局面。

磁州窑考古自20世纪50年代拉开序幕，60、80年代和2000年初又先后进行过三次大规模发掘，其中尤以1987年由北京大学考古系、河北省文物研究所、邯郸地区文物保管所组成的联合考古队，对观台窑遗址进行的发掘结果最为全面翔实，为研究磁州窑的制瓷工艺、装饰艺术和生产规模提供了第一手系统的科学资料。

二、求新求变的装饰技法

磁州窑以生产具有强烈民俗意趣的彩绘瓷著称，这是磁州窑业因地制宜、创新变革的成果。北宋初的磁州窑以烧造工艺简单的白瓷为主，因当地出产的瓷土——“大青土”富含氧化铁，发色灰青、胎质较粗，尽管窑工们采用了化妆土的技法来弥补缺陷，即在胎的表面施上一层白色化妆土以遮盖胎色，但在精美程度上仍然处于下风，无法与其北边紧邻的定窑优质白瓷竞争。于是，磁州窑开启了求新求变之路。

北宋磁州窑学习河南登封窑珍珠地划花和剔花装饰技法，流行在白色化妆土上进行刻画或剔地刻花，以较深的胎色衬托白色花纹，最后施一层透明釉入窑高温烧成，有很强的立体感，具有仿金银器錾花工艺的效果。如珍珠地划花技法即先用尖状工具在施了化妆土的器物表面划出装饰纹样，再用麦秸秆一类的管状器在纹样以外的空隙戳出一个个如珍珠般的小圆圈，透至坯胎，再施透明釉，烧成后，透胎的圆圈呈现褐色，与白色化妆土形成颜色对比，充满装饰趣味。运用手段虽简单，但呈现的效果却非常不错。（图 9-01）

磁州窑还效仿定窑、建窑等名窑生产工艺，生产黑釉、酱釉、茶叶末釉等产品，体现出磁州窑在宋代制瓷业百花齐放大格局下的积极进取心。

磁州窑最为出彩的装饰手法是白地黑花，以反差强烈的黑白色为主色调，通常在坯胎上敷白色化妆土之后，用毛笔蘸黑色颜料（名曰“斑花石”，一种当地特有的富含氧化铁、高温下变为铁锈色的画料）描绘纹饰，再罩透明釉入窑烧成。纹饰多取材婴戏、花卉、禽鸟、游鱼、诗句等，笔法简练豪放，画面活泼自然，生活气息浓郁。（图 9-02）

还有一种白地剔花工艺，是先在器表涂满白色化妆土，再涂上黑釉，在其上勾绘出图案，然后将图案之外的部分剔

图 9-01 北宋 登封窑白釉珍珠地划花梅瓶
河南博物院藏

图 9-02 北宋 磁州窑白地黑花“清沽美酒”瓶
上海博物馆藏

除，再填以白色化妆土，最后上透明釉烧成，纹样线条古拙稚趣，图案生动颇富立体感；或者直接在化妆土表面绘黑彩，再用尖状工具将黑彩图案的轮廓线勾勒出来，这样，白色底子衬托黑色花卉，更凸显了“黑与白”的反差对比效果。这种结合彩绘和剔刻的装饰方法出现于北宋末而流行于金代，为磁州窑所独有。以人物故事、山水为题材的彩绘流行于金、元时代。（图 9-03）

三、枕上精华

在中国陶瓷史上，自宋代开始，有了官窑与民窑两大系统的文野之别。如果说，简约典雅的官窑器物体现的是文人士大夫的审美情趣，那么以磁州窑为代表的民窑彩绘艺术则迎合了市民阶层世俗化的审美需要，形成宋瓷装饰的新风格。这一点，我们只消看看宋时磁州窑瓷枕上那些源于俗世生活、有着浓郁民间情趣的彩绘，便能领会一二。（图 9-04）

枕，作为人们日常起居的重要用具，它的起源可以追溯到商代。中国古代的枕头多使用木、玉、铜、竹、瓷等材料制

图 9-03 北宋 磁州窑白地剔花牡丹纹梅瓶
大阪东洋陶瓷美术馆藏

图 9-04 北宋 磁州窑白地黑花莲花纹枕
上海博物馆藏

作，其中以瓷枕的数量最多，应用也最为广泛。一直以来，面对质地坚硬的瓷枕，常有人怀疑它是明器。事实上，瓷枕是古时人们夏季纳凉时的主要寝具，有些瓷枕上书有的“半窗千里月，一枕五更风”“久夏天难暮，纱橱正午时。忘机堪昼寝，一枕最幽宜”等诗句，就是其实用性的最好注解。

从巨鹿古城遗址可以清楚地看到，陶瓷枕在北宋时期的河北地区已被广泛使用。磁州枕的形制呈现出多种样式，有圆形、椭圆形、八方形、如意形、兽形等等，无论方圆，常常制作成前低后高、枕体中空的造型，为防止烧造时破裂变形，一般在枕头的后壁或底部留有出气孔。有个“邯郸之梦”的故事，里面的主人公卢生睡的应该就是这种两端有孔的瓷枕，巧合的是，故事的发生地邯郸，恰好就是磁州窑的核心产区。有些瓷枕的底部留有“张家造”“王家造”“李家造”“赵家造”“陈家造”等戳记，它们应该都是以姓氏戳印来打造自己的品牌，类似现代商标，其中以“张家造”影响最大。

有一种专为女性设计的瓷枕值得一提。古代女性都留长发，梳盘复杂费事，这类枕的枕面很大，做成类似荷叶的形状，而底座很小，日本学者称之为“台付枕”。当女性偎枕熟睡时，

宽大的枕面正好帮助保持发型不乱。（图 9-05）

关注两宋风俗画的人一定会注意到，儿童题材是极受重视的内容，在磁州窑烧制的瓷枕上也较为多见。河北博物院所藏白地褐彩童子垂钓枕（图 9-06），寥寥几笔，却生动描绘出一个可爱的小男孩在夏日河边独自持竿垂钓的场景，三尾争食鱼饵的小鱼儿跃然枕上，与男孩弯腰撅臀、全神贯注的可爱模样互相呼应，可谓相得益彰，画面清新自然，令人难忘。磁州窑博物馆所藏童子放风筝纹八角形枕（图 9-07），则是描绘了一位童子在春风中手牵风筝飘飘欲飞的画面。童子手举风筝，正拉开双腿奔跑，转身回眸，风筝已飘然而起。磁州枕上的儿童题材还有很多，如骑竹马纹、踢毽子纹、抽陀螺纹、童子放鸟纹、童子戏花纹等等，不一而足。意趣盎然的画面，正是宋时儿童生活的生动写照。

在瓷器上书写诗词始于唐代长沙的铜官窑，宋代磁州窑继承了这一表现手法，并逐渐形成自己的装饰风格，创造出比长沙窑更为丰富灵活、形式多样的诗文表现形式，其中，瓷枕上的诗文表现最为突出。磁州窑匠师们将唐诗、宋词浪漫而流畅的诗句信手拈来，书于枕上，以抒发自身情感。由于受

图 9-05　北宋　磁州窑绿釉划花牡丹纹叶形枕
磁州窑博物馆藏

图 9-06 北宋 磁州窑白地褐彩童子垂钓枕
河北博物院藏

图 9-07　金　磁州窑白地褐彩童子放风筝纹八角形枕
磁州窑博物馆藏

枕面空间的限制，墨书一类的一般只选取绝句诗或律诗中的两句，形成对联的格式；刻画的枕面，由于笔画纤细，能容下较多字数，故收录较长篇幅的诗词。

我们来欣赏一方八角形枕（图 9-08），枕面行书苏轼《如梦令》词：“为向东坡传语，人在玉堂深处。别后谁来？雪压小桥无路。归去，归去！江（上）一犁春雨。”

北宋大文豪苏轼是中国文化史上堪称第一才子的人物，其学养贯穿儒、释、道，造诣纵横文、书、画，可谓中国传统文化的集大成者。2000 年，法国《世界报》评选出 12 位“千年英雄”，苏轼以其非凡的才华和潇洒豁达的人格魅力，成为唯一入选的中国人。北宋元丰年间，苏轼因“乌台诗案”被贬，谪居湖北黄州，在黄州城东门外开垦了数十亩地，取名东坡。他日耕东坡，夜游赤壁，写下“大江东去，浪淘尽，千古风流人物”的气势磅礴之作。回京城后的他官至翰林学士，在生命中这段难得的飞黄腾达的日子里，却写下《如梦令》这样淡雅清秀的小调，表达出自己对别后黄州的牵挂和归耕东坡的意愿。苏轼的宠辱不惊、跌宕不羁，千百年来令无数后人敬之佩之，想必这位金代的磁州窑工也是东坡的忠

图 9-08　金　磁州窑白地黑花八角枕
磁州窑博物馆藏

实粉丝，他以瓷为帛，写下心目中最喜爱的东坡词句，也为今天的我们留下了一份别具一格的“文化读本”。

瓷枕中有一些造型小巧的，常被大夫用来号脉，文人长时间悬腕书写后，也会借助小枕减轻手腕的疲倦；还有一种形状方正的小枕，北方地区的人常常用它来压住席子的四角，称为席镇。

据史料记载，瓷枕作为生活用具，最早出现于隋朝，唐朝开始大量生产，两宋及金、元最为鼎盛，到了明清时期，随着更为优异的制枕材料的出现，瓷枕才慢慢退出历史舞台。在历史进程中，我国南北各地许多著名瓷窑都曾烧制过精美的瓷枕，比如唐代的长沙窑、寿州窑、巩县窑、邢窑等，宋、元时期的景德镇窑、吉州窑、磁州窑、井陉窑、长治窑等等，但总体上看南方窑场生产的瓷枕远少于北方地区，说明北方地区对瓷枕的需求要大于南方，这可能与南方人的习俗有关。

南方盛产竹子，所以在古代南方盛行一种既便宜又方便的消暑佳器，它是由竹子编制成的长圆形器物，中空，形似我们今天的抱枕，在炎热的夏天，怀抱它能降温，有助于入眠，古人亲切地称之为“竹夫人”。在宋代绘画和诗歌作品中都能找到“竹夫人”的身影，只不过竹制器物不易保存，现在已经很难发现古代流传下来的实物。

第十章 光致茂美青白瓷

一、史料中的青白瓷

青白瓷，顾名思义，是介于青瓷与白瓷之间的一种釉色品种，又称“影青”。它创烧于五代末至北宋初，是景德镇独创的一种瓷器，也是我国陶瓷史上一个极珍贵的品类。其起因或为仿烧北方白瓷，但因南方制瓷原料的含铁量较北方要高，此时还不能完全摆脱氧化铁的呈色干扰，却无意中为青白瓷这个新品种的诞生打下基础。

史书上最早出现“青白”一词应是成书于北宋英宗治平元年（1064）的蔡襄《茶录》：“茶色白，宜黑盏……其青白盏，斗试家自不用。”[1]南宋吴自牧《梦粱录》卷十三“铺席”

[1] [宋] 蔡襄：《茶录》，上海书店出版社 2015 年出版。

条有“平津桥沿河布铺、黄草铺、温州漆器、青白瓷器”[1]的记载，同卷“诸色杂买”中记录的“家生动事”日用器具中也记有“青白瓷器，瓯、碗、碟、茶盏、菜盆”等。这两条记载表明，青白瓷是南宋都城临安店铺中常见的商品。南宋洪迈在《容斋随笔》卷四“浮梁瓷器”条中有“浮梁巧烧瓷，颜色比琼玖”[2]句；元人蒋祈《陶记》记载：“景德陶昔三百余座。埏埴之器，洁白不疵，故鬻于他所，皆有‘饶玉’之称。”[3]因景德镇在宋时属饶州，故所产青白瓷有“饶玉”的美誉；明代宋应星的《天工开物》里形容青白瓷有“素肌玉骨”的美感；清人在《景德镇陶录》中这样评价青白瓷：“宋景德年间烧造，土白壤而埴质薄腻，色滋润。真宗命进御，瓷器底书景德年制四字。其器尤光致茂美，当时则效著行海内。于是天下咸称景德镇瓷器，而昌南之名遂微。”[4]景德镇原名昌南镇，宋真宗将青白瓷定为贡品，并以其“景德”年号命名此地，从此，天下人只知“景德镇”，而不知有“昌南镇”。

宋代青白瓷以景德镇湖田窑所产最具代表性，其特点是胎骨薄且白，釉料中的氧化铁含量很少，釉色白中泛青或泛黄，釉质细薄晶莹润泽，透明度特别好，使得器物上的装饰纹

[1] [宋] 吴自牧：《梦粱录》，浙江人民出版社1984年出版。

[2] [宋] 洪迈：《容斋随笔》，中华书局2015年出版。

[3] [元] 蒋祈：《陶记》，清康熙二十一年《浮梁县志》原刻本。

[4] [清] 蓝浦、郑廷桂：《景德镇陶录》卷五，浙江人民美术出版社2019年出版。

样清晰可见，时人有“假玉器”的称谓。南宋时，除景德镇外，在安徽、浙江、福建、湖北、湖南、广西、广东等地都有烧制青白瓷的窑场，形成了遍布南方地区的青白瓷窑系。

20 世纪八九十年代，江西省考古研究所对景德镇湖田窑进行了多次考古发掘，发现大量窑炉、作坊遗址，出土数以万计的瓷器标本，为人们认识景德镇青白瓷提供了丰富的实物资料。遗址中发现一件史料价值极高的瓷质器，其底阴刻“迪功郎浮梁县丞臣张昂措置监造”，反映了宋代张昂以浮梁县丞的身份监陶的史实。《宋会要辑稿·食货》五二之三七中“瓷器库在建隆坊，掌受明、越、饶州、定州、青州白瓷器及漆器以给用”的记载，以及蓝浦在《景德镇陶录》中“真宗命进御”的说法，都为景德镇青白瓷在北宋曾经作为贡瓷使用提供了文献依据。

可以说，青白瓷是景德镇成为世界瓷都的起点，这在中国乃至世界制瓷史上都具有重要意义。据景德镇陶瓷考古研究所调查统计：市区近郊和浮梁县南河一带，除市区为现代建筑所覆盖而无法统计外，景德镇总计青白瓷窑址 136 处。可见当时烧瓷的盛况。

二、两宋青白瓷

北宋时期，青白瓷是景德镇的主导产品，以日用器为主，品种繁多，造型丰富。饮食具有碟、盘、碗、盏托、台盏及由注子和温碗组成的注碗（图 10-01）；卫生具有钵、洗和各式香熏器（图 10-02）；照明具有灯盏；瓷枕有象枕、狮枕等。盛化妆品和香料的盒更是丰富多彩，有圆形、瓜棱形、菊瓣形、菱角形，单盒、双联盒、三联盒等等，实用与观赏两相宜。（图 10-03）

值得一提的是，随着佛、道二教在民间的盛行，大量精雕细琢的青白瓷塑像出现，成为青白瓷的一大名品。如长兴县博物馆所藏出土于浙江长兴宋墓的佛坐像（图 10-04），螺发，弯眉，垂睑，双耳垂肩，面目慈祥端庄。斜披袈裟，左肩前有结绳后有褡袢，腹部系绳形腰带。左手抚膝，右手施说法印，结跏趺坐于重瓣仰莲座上。凝润细洁的青白釉色，更增添了佛像的圣洁感。出土的墓志可见“绍圣丁丑”（1097）纪年字样。墓主为周子美，由龙图阁直学士的妹婿为其作墓志铭。青白瓷佛像使用痕迹明显，应是墓主生前供奉之物。德清县博

图 10-01 北宋 青白瓷注碗
海宁市博物馆藏

图 10-02 南宋 青白瓷熏炉
长兴县博物馆藏

图 10-03 南宋 青白瓷熏炉
新昌县博物馆藏

图 10-04 北宋 青白瓷佛坐像
长兴县博物馆藏

物馆所藏的一塑像（图 10-05）出土于浙江德清乾元砻糠山吴奥墓，塑像头戴道冠，面相丰颐，身披宽袖道袍，脚纳靴履，右手持灵芝，左手置膝上，安坐于三足座上。右立一鹿，做回首状。发冠、外袍、鹿身、底座均施青白釉，而面、颈、手、足、交领内衫均为素胎，釉色白中泛青，胎质洁白细腻。精湛的雕塑技艺，把仙风道骨的道士形象刻画得栩栩如生。

齐全的品类说明景德镇窑工已经熟练掌握了各种器物的成型方法，而且还出现了较细致的分工，有的瓷盒上有作坊的印记，如“汪家合子记”“许家合子记”“段家合子记”等等，说明当时的景德镇已有了专门生产瓷盒的作坊。（图 10-06）

从技术层面看，景德镇青白瓷的胎质原料十分优良，风化程度好，烧成温度高，可塑性能良好，能烧出半透明感很强的瓷胎，在 1200℃高温下烧成也不易变形。在烧造时通常采用含铁量高的渣饼垫烧，器物底部往往留下一圈深褐色的垫烧痕，成为景德镇青白瓷的一个显著特征。窑工们对成型质量非常讲究，尤其到了北宋晚期，来自北方定窑的覆烧法装烧工艺开始影响青白瓷的生产，在提高瓷器烧造效率的同时，也使得器物坯胎可以做得更加轻薄，碗、盘等器物口沿往往薄如蝉

图 10-05 南宋 青白瓷塑像
德清县博物馆藏

图 10-06-1 南宋 青白瓷铭盒
淳安县博物馆藏

图 10-06-2 南宋 青白瓷铭盒
“吴家合子记”铭文
江山市博物馆藏

翼，坯体表面也加工得十分精细，细薄处玲珑剔透、光照见影，再辅之刻花、镂空、篦纹、捏塑及褐色点彩装饰，与影青釉交相辉映，达到了光致茂美的艺术效果，被称赞“薄如纸、明如镜、白如玉、声如磬”。以现代标准衡量，恐怕也只有这一时期的青白瓷最接近于现代细瓷的标准。与定窑产品一样，因覆烧形成的“芒口”缺陷会影响使用，所以讲究的人家往往会不惜工本采用包金、银或铜来完善它。

南宋时的景德镇瓷业延续了北宋时的辉煌，在以刻、划花装饰的同时，还盛行印花装饰。其纹饰题材，布局方法，明显也是受到定窑影响，因而又被称为“南定”（即南方的定窑）。器物从日用器到陈设瓷，再到各种文玩用具，可谓琳琅满目、一应俱全，受仿古风气日盛的影响，陈设瓷中出现了一些仿三代青铜器造型的器物，如鼎式炉、鬲式炉、尊式瓶、贯耳瓶等等，和晶莹碧透的青白釉色结合，更显秀美精巧。（图10-07）

南宋末，景德镇青白瓷的制作和生产已风光不再。

图 10-07 南宋 青白瓷贯耳瓶
桐乡市博物馆藏

三、青白瓷的外销

宋代开始，由于朝廷大力鼓励海外贸易，加之宋代造船业的发达，指南针的运用，海上交通已十分便利。当时中国瓷器大多经广州、泉州、杭州和明州四大商港外运。这四大商港先后设立市舶司，还派遣内侍到海外招徕贡市贸易。尤其南宋立都东南，在“背海立国”的形势已成定局的情况下，以海外贸易换取王朝急需的财富，成为南宋皇室的迫切需求。作为海外贸易中最大宗的外销商品，陶瓷器所承担的角色格外引人注目，它在促使那个时代中外文化交流新纪元的到来上发挥了巨大作用。

在宋代外销瓷中，青白瓷始终是一个重要品种。南宋宗室赵汝适《诸藩志》里记载，青白瓷在阇婆国（故地在今印度尼西亚爪哇岛或苏门答腊岛，或兼称二岛）很受当地民众欢迎。19 世纪 50 年代以来，在亚非一些沿海国家的古遗址中，陆续出土了一定数量的景德镇青白瓷，包括日本、韩国、马来西亚、印度尼西亚、菲律宾、肯尼亚以及埃及等地。此外如广州西村窑，在宋代是岭南地区生产外销瓷的重要窑口，这里生产的青白瓷主要用于外销，在国内出土或传世的反而较少。

从目前已发现的我国南宋四大沉船遗址（福建连江定海“白礁一号”沉船、西沙群岛“华光礁一号”沉船、广东“南海一号”沉船、福建“北土龟礁一号”沉船）出水瓷器来看，青白瓷占比很大。

让我们把目光再次投向举世瞩目的“南海一号”沉船，其中出水的数以万计的青白瓷按窑口和产地大致可分为三类。

第一类是景德镇窑，胎体薄、胎色白，里外青白釉；碗、盏、盘多芒口和印花；纹样有莲瓣、荷花、牡丹、云雷、飞凤、婴戏、缠枝花等。其中有几件叶脉纹芒口碗及叶脉纹浅腹盘，胎体极其轻薄，釉色莹润，透光性较强，其上的印花叶脉纹极具现代感和异国情调，为国内出土的青白瓷所未见，推测其为海外定烧高档瓷。（图 10-08）

第二类是德化窑，胎色灰白，里外施青白釉，足部、底面无釉露胎；器型有碗、盏、盘、钵、盒、瓶、罐、执壶等；装饰有刻划花、印花；纹样有莲瓣、荷花、牡丹、卷草、云雷、缠枝花等。其中以粉盒的数量、器形种类（有圆形、瓜棱形、八方

图 10-08-1 “南海一号”沉船出水 南宋青白瓷叶脉纹花瓣形折腹盘
国家博物馆藏

图 10-08-2　“南海一号”沉船出水　南宋青白瓷花瓣芒口小碗
国家博物馆藏

形等，大、中、小不同规格等）、纹样图案最为丰富。一部分器物的底部，如执壶，露胎处有墨书文字（如“李用”吴记”等）。（图 10-09）

第三类是闽清义窑和青窑，胎色灰白，里外施青白釉，足部、底面无釉露胎；器型有碗、盏、执壶等；装饰多为刻划花，纹样有莲瓣、荷花、卷草等。

瓷器的产生与使用对人类生活的影响是多方面的。那些外销到异国的瓷器，对于从未接触过瓷器文明的地域及人群而言，不仅可以在物质领域提高当地人的生活品质，还能从精神层面改变一个民族的生活习俗与审美情趣，甚至引发当地的手工业变革。据《诸蕃志》记载，与南宋进行海外贸易的国家和地区达 58 个，几乎达到宋以前的两倍。在写到苏吉丹（古国名。故地在今印度尼西亚中东部）时有这样的描述：“饮食不用器皿，缄树叶以从事，食已，则弃之。”[1]在中国陶瓷器输入以后，苏吉丹人原先“以葵叶为碗”“缄树叶以从事”的饮食习俗有了很大改变，开始使用陶瓷器皿。

[1]［宋］赵汝适：《诸蕃志》，《诸蕃志校释》，中华书局 1996 年出版。

图 10-09 “南海一号”沉船出水 南宋德化窑执壶
国家博物馆藏

第十一章 玄色之美说黑瓷

在中国近两千年的瓷器历史长河中，黑瓷是最为古老的瓷器品种之一。作为青瓷的姊妹瓷，黑瓷与之伴生，两者往往同窑烧制，生产工艺也基本相同，只不过釉料中氧化铁含量的高低差异决定了瓷器的色彩。从视觉效果来看，黑瓷带给人的是一种幽深、玄远之感，它不似如玉的青瓷，也不像似雪的白瓷和色彩斑斓的彩瓷那么具有视觉冲击力，所以在漫长的瓷器发展过程里，黑瓷始终处于非主角的地位。直到宋代，由于茶文化崇尚“黑”道，黑瓷迎来发展黄金期，迸发出前所未有的创造力，在中国陶瓷史上留下浓墨重彩的一笔。

一、南北并重，各擅胜场

综观两宋时期，黑瓷生产可谓遍地开花。河北的定窑、磁州窑，河南当阳峪窑、鹤壁集窑，陕西耀州窑，山西大同窑、怀仁窑、平阳窑，山东淄博窑等普遍烧造黑瓷；南方生产黑釉瓷的窑场也较之前明显增多，就连专烧青瓷的龙泉窑和专烧青白瓷的景德镇窑，乃至生产外销青瓷的广东潮州窑也都曾生产黑釉瓷，其中以专烧黑釉茶盏的福建建窑最为名重一时，江西吉州窑生产的黑釉瓷则颇受禅僧和参禅人士的偏爱。此外如重庆涂山窑、成都金凤窑、广元窑大量烧造的黑釉瓷，都反映出黑釉瓷在宋代大众生活中是不可或缺的。

琳琅满目的黑瓷产品，其装饰技法也是各有所长，通过各种黑釉窑变及釉装饰的新颖手法，黑瓷的审美被发挥到极致，使一部分黑瓷摆脱了民间粗瓷的地位转而为宫廷及文人服务，甚至还有一部分远渡重洋成为异国的瑰宝。

因宋代斗茶而兴的建窑，生产的茶盏装饰技法丰富，如兔毫、油滴、鹧鸪斑、曜变等，名品迭出，受到社会各阶层的一致追捧，并进而驱使南北各大窑场纷纷对它进行仿效。而吉州窑在学习建窑的过程中也注重创新，做出了最富创意的桑叶、漏花和玳瑁工艺。

黑定中最有名的莫过于原日本藏家临宇山人收藏的北宋定窑黑釉鹧鸪斑斗笠盏（图 11-01）。与寻常的黑色釉盏不同，这件品相出众的盏上有着星星点点的红褐色的斑点，犹如繁星闪烁，恍若在宇宙中流星划过般绚烂，这样的线条很难通过人工制作出来，是不可多得的“天然之物”，故享有“天外飞仙”美誉。

明代曹昭在《格古要论》中这样评价定窑黑瓷：“有紫定色紫、有墨定色黑如漆，土俱白，其价高于白定，俱出定州。”[1]清代词人宋琬也曾这样描述黑瓷碗：“百金买定窑，珍重逾连玺。”[2]

以青瓷为主流的耀州窑，其黑釉产品亦不容忽视，独辟蹊径的烧造工艺，使得黑瓷的釉面散发着一股如丝绸般柔滑温润的光泽，附着于质地坚硬、质朴端庄的器型，看似沉稳内敛却又极富张力。这类在黑釉上装饰酱色斑条的器物，是宋代耀州窑的创新品种。（图 11-02）

有一种名为“白覆轮”的黑瓷也值得一提。“白覆轮”

[1]［明］曹昭：《格古要论》下卷，中华书局 2012 年出版。

[2]［清］宋琬：《安雅堂全集》，上海古籍出版社 2007 年出版。

图 11-01　北宋 定窑黑釉鹧鸪斑斗笠盏

图 11-02　北宋 耀州窑黑釉酱斑盏
无住斋藏

一词源自日本，是对我国宋代黑瓷中口沿施白釉呈现一道白边的瓷种的称谓，在山西、河南的一些窑口以及山东淄博窑和江西吉州窑都有烧造。白覆轮瓷器黑白对比鲜明，是宋瓷在极简美学层面的匠心探索之作，这种工艺独属于宋代，前无古人，后无来者。（图 11-03）

二、宋代饮茶与黑釉瓷

在文人精神主导社会风尚的宋代，饮茶风俗也发生了相应的转变。从唐代“茶圣”陆羽所倡导的“青则宜茶”，转到北宋名臣、茶学家蔡襄所提倡的“茶色白宜黑盏”。

宋人的饮茶之法称之为“点茶法”或“分茶法”，即先将茶碾制成粉末后，制成“蜡茶”或“末茶”，前者是以香膏等调和茶末，以模印压制成图样精致的团块，要使用时再将团块碾成粉；后者则似日本茶道中的“抹茶”，点茶时，将茶粉直接放入茶盏中以水注点，并用茶筅击拂搅拌后饮用。北宋时，点茶法在建州（今福建省建瓯市）发展得最为完备，并衍生出“斗茶”的风俗。

宋人衡量斗茶的效果，一看茶面汤花色泽和均匀度，以“鲜白”为先，二看汤花与茶盏相接处水痕的有无和出现的迟早，以“盏无水痕”为上。蔡襄在《茶录》中说得很明白：“视其面色鲜白，着盏无水痕为绝佳；建安斗试以水痕先者为负，耐久者为胜。”[1]为了便于观察茶汤上的白沫，因而选用黑釉茶盏。当时建州所产“建盏”最为文人所称道，这应该与蔡襄等文人的推介有关。《茶录》中云：“建安所造者，绀黑，纹如兔毫，其坯微厚，熁之久热难冷，最为要用。出他处者，或薄，或色紫，皆不及也。”再加之宋徽宗赵佶又在《大观茶论》中言及黑釉盏：“盏色贵青黑，玉毫条达者为上，取其焕发茶采色也。底必差深而微宽。底深则茶宜立，易于取乳；宽则运筅旋彻，不碍击拂。然须度茶之多少，用盏之大小。盏高茶少，则掩蔽茶色；茶多盏小，则受汤不尽。盏惟热，则茶发立耐久。”[2]这段文字清楚地写出了茶盏的色形、高度、大小会直接影响点茶质量。由此可见，在深谙茶艺之道的帝王推崇下，黑釉茶盏最终成为当时茶具中最多的品种，而建窑亦成为黑釉盏最著名的产地，并受到最高统治者的追捧，这不仅从文献资料中可以证明，从出土的带有“供御”“进琖”

[1] ［宋］蔡襄：《茶录》，上海书店出版社 2015 年出版。

[2] ［宋］赵佶：《大观茶论》，九州出版社 2018 年出版。

图 11-03 北宋 黑釉白覆轮香炉
高梧楼藏

底款的建盏考古资料中也可得到印证。（图 11-04）

两宋文人墨客也纷纷写诗赞美黑釉茶盏：

北宋苏轼《送南屏谦师》："忽惊午盏兔毛斑，打作春瓮鹅儿酒。"

北宋黄庭坚《满庭芳 · 茶》："纤纤捧，研膏溅乳，金缕鹧鸪斑。"《西江月 · 茶》："兔褐金丝宝碗，松风蟹眼新汤。无因更发次公狂，甘露来从仙掌。"南宋杨万里《澹庵坐上观显上人分茶》："分茶何似煎茶好，煎茶不似分茶巧。蒸水老禅弄泉手，隆兴元春新玉爪。二者相遭兔瓯面，怪怪奇奇真善幻。纷如擘絮行太空，影落寒江能万变。"描写的是高超的斗茶技艺。

南宋陆游《入梅》："墨试小螺看斗砚，茶分细乳玩毫杯。"《闲中》："活眼砚凹宜墨色，长毫瓯小聚茶香。"诗中描写的是文人将墨与茶放在一起吟咏和赏玩的场景。

诗文中提到的"兔毫""兔毛斑"及"兔褐金丝""鹧鸪斑"为宋代黑釉盏中最常见的两种黑釉纹理，即兔毫纹和鹧鸪斑。

建窑盏的黑釉属于结晶釉，由于釉料配方中的含铁量极

图 11-04 南宋“供御”款建盏标本

高，在高温状态下，铁处于过饱和状态时，聚集在釉面上的结晶体会发生变形流动，缓慢冷却时则会产生不同形状的析晶现象。细线条状的称兔毫釉，多是在黑色底釉上自然流淌着银白色或金黄色似兔毛般的流纹，富有韵味。（图 11-05）油滴状的因好似鹧鸪鸟羽毛上的斑点纹，被称作“鹧鸪斑”，在日本被称为“油滴天目”，如日本大阪市立东洋陶瓷美术馆收藏的这件建盏（图 11-06），就是典型的鹧鸪斑纹。

最特殊也最为珍稀者当数结晶斑外周有晕环的曜变釉，如日本东京静嘉堂文库美术馆收藏的曜变天目茶盏（图 11-07），在盏的内壁布满蓝紫色的圆形星斑，随着光线的变换散发出迷人的光彩。

目前所知完整的曜变天目仅有三件，都存于日本，被奉为国宝。杭州城市建设过程中曾出土一件曜变残器（图 11-08），其内壁星斑呈现的七彩光晕不输于静嘉堂文库美术馆那件，可谓虽残尤珍。

受建窑影响而烧造黑釉瓷的吉州窑，除油滴、玳瑁、鹧鸪斑等釉里的“文章”外，还有木叶纹、剪纸贴花等匠心独运的装饰，展现出巨大的创造才能。木叶纹是把天然树叶直接

图 11-05 南宋 建窑黑釉兔毫盏
杭州市临安区博物馆藏

图 11-06 南宋 黑釉鹧鸪斑茶盏
日本大阪市立东洋陶瓷美术馆藏

图 11-07 南宋 建窑曜变天目茶盏
日本静嘉堂文库美术馆藏

图 11-08 杭州城市建设出土 南宋 曜变天目茶盏残件
品曜馆藏

烧在黑釉上，以黑釉衬托出黄色的叶子剪影。（图 11-09）

玳瑁釉是在黑釉上饰以浅黄色斑点，色泽质感有如海洋动物玳瑁的甲壳。剪纸贴花主要装饰于碗内，效果极似民间的剪纸，题材广泛，多吉祥寓意。（图 11-10）

吉州窑黑釉盏的装饰，与禅宗思想的影响有关。以木叶盏为例，盏中内施黑釉，碗底以木叶装饰，或舒展，或卷曲，或折叠，其树叶多取枯败的桑叶。这种装饰极富禅趣，而且与著名的禅宗公案——“体露金风”所蕴含的禅理相近。公案出自宋代的《五灯会元》，其借“树叶凋落”，暗喻妄念、烦恼已断的清纯心境，而“体露金风”则好比历经苦行的禅者，在摆脱烦恼妄想之后，进入真空无我的“身心脱落”之境。又有宋白杨法顺禅师道“一叶飘空天似水，临川人唤渡头船”，盛满茶水后的吉州窑木叶盏，宛如天空的倒影和澄澈的湖水，给人以视觉和精神的愉悦，也恰是“禅茶一味”的有力说明。

两宋以来饮茶之风盛行，促使以茶器为主流的黑釉瓷生产获得空前发展。除了装饰多样的茶盏外，各式茶罐也非常流行。赣州窑在南宋至元代生产一种柳斗罐，颈下分布一周乳钉纹，内施黑釉或酱釉至唇外，器表无釉刻画柳斗纹。关于

图 11-09 南宋 吉州窑黑釉木叶贴花碗
台北故宫博物院藏

图 11-10 南宋 吉州窑剪纸贴花茶盏
日本静嘉堂文库美术馆藏

其用途，根据南宋刘松年《补纳图》备茶场景中，人物手持柳斗罐搅拌之情形，推测其应为打茶汤的专用茶器。其外部不施釉的柳斗纹及圜底造型，即是为了打汤花时增加摩擦力而便于把持所设计。（图 11-11）

虽然黑釉盏是宋代文人阶层竞相推崇的首选茶具，加之宋代茶书中的一再强调，使得今天的人们普遍认为宋人饮茶只使用黑釉盏。但实际上，黑釉盏只是斗茶时使用的一种道具而已，文人们的饮茶器具也是多样化的，从宋代苏轼、范仲淹、梅尧臣等人的诗文来看，除了黑釉盏，还有对“碧玉瓯”“玉碗”“冰瓯”“越瓯”的描写，这些显然指的是越窑青瓷或景德镇的青白瓷。

元明以后，因饮茶方式的改变，以建窑为代表的黑釉茶盏逐渐退出了历史的舞台。然而在邻国日本，这类黑釉茶盏仍旧受到推崇，在成书于 1511 年（明正德六年）、介绍将军家御用之物的《君台观左右帐记》中记载曜变建盏是当时的“无上神品”“罕见之物”，“其地黑，有小而薄之星斑，围绕之玉白色晕，美如织锦，万匹之物也”，而油滴盏则是“第二重宝，值五千匹绢”。

图 11-11 新安沉船出水 南宋 赣州窑柳斗罐
韩国国立中央博物馆藏

三、“天目”瓷与天目窑

“天目”这一名称，最初应源于日本人对茶道文化的热衷。从广义上讲，是日本陶瓷界对中国黑釉瓷器的通称；从特定含义来看，“天目”则被视为以中国福建建窑为代表的黑釉茶盏的通称。其名称来历，相传宋元时期浙江天目山佛寺林立，日本禅僧多至天目山留学求法，返国时常带回天目山寺院中所用的建窑黑釉盏，因此这类茶盏才有了“天目”的称呼。由此可见，“天目”的特定含义与佛教禅宗东传日本有一定的关联。宋元之际相当于日本的镰仓时期，当时“天目”作为茶道具中某种茶盏的固定称谓，在禅宗寺院举行茶道礼仪时被使用，随后由于茶道在日本的盛行，“天目”的称呼才得以广为人知。根据文献记载，“天目”作为饮用器的名称在日本出现的最早时间大约是1335年。而在此之前，建盏和类建盏等来自中国的黑釉茶碗就已作为外销瓷的一大品种在日本出现，这一点已有考古资料证明。16世纪以后，日本人才渐渐把建盏和类似建盏的所有茶盏都统称为“天目”，最后甚至发展到把所有的黑釉陶瓷器都统称为“天目”。

图 11-12 天目窑黑釉盏
谢家一号窑出土
杭州市文物考古研究所藏

天目窑窑址主要分布于杭州临安天目山的凌口乡、绍鲁乡和西天目乡，已发现窑址十多处，20 世纪八九十年代调查时，称之为“天目窑”，时间跨度起于北宋，衰于元，主要产品包括青白瓷和黑釉瓷两种，黑釉瓷以盏为主。天目窑烧制的黑釉瓷，胎质致密，色白或呈灰色，釉的玻璃质感较强，与建窑的胎、釉差异明显。装烧上除少量采用叠烧方式外，多见在累叠的青白瓷碗最上端碗内放置一黑釉瓷，并以一只青白瓷盘覆罩形成匣钵入窑，使器物能在相对封闭的状态下烧成，这种采用碗式匣钵的装烧方法系天目窑所独有。部分器物先在外壁施褐色的“护胎釉”，再施黑釉，其目的应是加深胎色，以达到接近建盏的呈色效果。由此看来，天目窑黑釉盏是在宋代茶文化大背景下，受到建窑系统黑瓷生产的影响而催生

出的地域性产品。（图 11-12）

近年来，随着天目窑遗址的发现，尤其是黑釉盏的出土，许多人将其与“天目”茶盏联系在一起。实际上，天目瓷与天目窑并非同一个概念，在两者之间简单画等号，是不恰当的。目前，天目窑址考古发掘工作正在有序推进中，期待随着发掘工作的不断深入，我们对这一时期的黑釉盏能有更为全面客观的认知。

第十二章
宋人之雅——宋画里的瓷韵

中国宋代绘画文献，不仅是极其珍贵的文物艺术品，也是非常难得的物象文献资料，以追求写实为特点的宋画，让我们可以真切地看到当时的社会风貌，也在不经意间为我们记录下宋瓷渗透于宋人生活中的点滴细节。

以“宋时四艺”为例，南宋钱塘人吴自牧在《梦粱录》中记载：“烧香，点茶，挂画，插花，四般闲事，不宜累家。”点出了宋代文人雅致生活的“四事”或“四艺”。当我们仔细观察存世不多的宋画，便可发现，这四雅就在宋人的日常生活里，并且，在四雅中处处可见瓷器的身影。

宋代绘画中有不少对茶事和酒事的描绘，经常出现在文人雅集、文会场景中。

宋徽宗《文会图》（图 12-01）描绘了宋代文人的聚会场

景，与徽宗的另一幅《十八学士图》和宋代佚名《春宴图》画面极其相似，可以说是现存宋画中出现瓷器最多的绘画作品，直观形象地表述了宋人饮酒与品茶所用器具的不同。图中九文士围案而坐，案上颇有仪式感地摆放着碗筷、盘碟、插花以及琳琅满目的瓜果。文士面前和案上摆放的正是宋代典型的酒器——台盏以及与之配套使用的酒注。南宋程大昌《演繁露·托子》："古者彝有冉，爵有玷，即今俗称台盏之类也。然台盏亦始于盏托，托始于唐，前世无有也。"[1]可知台盏是酒盏与酒台的合称，系酒具的专名（图 12-02）；《辽史》记"皇后生辰仪"中大臣"执台盏进酒，皇帝、皇后受盏"[2]，则形象地描绘了台盏的使用方法。看图中情景，文士们应该已酒过三巡，推杯换盏，正准备啜茶品茗。大案不远处便是一处备茶场景：茶桌下置有一白釉瓷酒经瓶（即梅瓶），茶桌上有数只青白釉茶盏和与之配套使用的黑漆盏托，用途是避免"盏热烫指"。宋朝盏托多为木制，大概取其隔热与轻便。盏托施以大漆，且常以红、黑二色。宋朝点茶多用白釉瓷、青白釉瓷、青釉盏等，斗茶时则最爱建窑黑釉瓷盏。桌前一侍者正手持长柄茶匙从茶罐中舀取茶末放置茶盏中；炉

[1] [宋] 程大昌:《演繁露》，周翠英点校，中国社会科学出版社 2018 年出版。

[2] [元] 脱脱:《辽史》卷五十三 志第二十二◎礼志六（嘉仪下），中华书局 2017 年出版。

图 12-01　北宋　赵佶《文会图》
台北故宫博物院藏

图 12-02 北宋 青白瓷台盏
海宁市博物馆藏

上煨火煮水的汤瓶亦可曰“执壶”，以汤瓶注盏，可直接点茶。为便于点茶，汤瓶流嘴“圆小尖利”，这是宋朝汤瓶的重要特点。从画中侍者所执汤瓶可以看出，汤瓶的造型大腹小口，执与流在瓶腹肩部，且流较峻削、呈弧形、曲度较大，符合注汤点茶的实用功能。这个局部的描绘展示了宋朝流行的“点茶”备茶片段。所谓点茶即是把茶末倒入茶盏中调成膏状，然后使用汤瓶多次轻点沸水调茶，这一过程是为“点”。南宋周季常、林庭珪合绘的《五百罗汉之碶茶》图（图 12-03），则更清晰地展示了击拂点茶的场景，图中的黑瓷，应是建盏无疑（图 12-04）。

欣赏过了文人的品茗场景，再来看看宋代老百姓又是如何斗茶的。《东京梦华录》卷五记载：“更有提茶瓶之人，每日邻里互相友茶，相问动静。”[1]黑龙江省博物馆所藏南宋《斗浆图》（图 12-05），生动还原了宋代街头的卖茶人之间互相友茶的场景，令观者如临其境。六位斗茶者，头扎皂色裹巾，着齐膝的白色或青色糯袄衫，下着白裤，是宋代“诸行百户，衣装各有本色，不敢越外”中的小街商服饰装扮。六人或提瓶倒茶，或夹炭理火，或细细品味，或相互交流，神情生动

[1]［宋］孟元老：《东京梦华录》，中华书局 2020 年出版。

图 12-03 南宋 周季常、林庭珪合绘《五百罗汉之喫茶》图
日本京都大德寺藏

图 12-04 南宋 建窑茶盏及漆盏托
日本静嘉堂文库美术馆藏

图 12-05 南宋 《斗浆图》无款
黑龙江省博物馆藏

逼真。六人面前各摆放一套茶具，茶瓶为敞口，长嘴，大提把式。茶瓶、茶盏放置在精美的竹篾提器中，旁边还有用竹编织的精巧容器用来装木炭，其中，六人手中的浅色茶盏特别值得关注，虽然黑釉盏是宋代文人阶层竞相推崇的首选茶具，但宋代平民百姓用来斗茶品茗的盏，并非都如蔡襄所描述的“盏色贵青黑”那样讲究，它们可以是白瓷，也可以是青瓷，或者青白瓷，更多情况下它们只是宋人生活的日常用具。

宋人闲居时有焚香的习惯，叫作“燕居焚香”，许多宋诗都写到燕居焚香的生活趣味。如杨万里的《二月十三日谒西庙早起》：“起来洗面更焚香，粥罢东窗未肯光。”陆游的《初夏》：“床有蒲团坐负墙，室无童子自烧香。”宋人焚香时常借用同样雅致的瓷质香具，将焚香做到了极致。宋代流行的瓷香炉，以青瓷、白瓷和青白瓷为主，造型多由商周时期的青铜器演变而来，主要有鬲式炉、鼎式炉、樽式炉、簋式炉等，多为三足造型，以素雅简约为美。（图 12-06）杨万里有一首著名的《烧香七言》：“琢瓷作鼎碧于水，削银为叶轻如纸。不文不武火力匀，闭阁下帘风不起。……”一句“琢瓷作鼎碧于水”，自然让人联想到具有碧玉般釉质的龙泉青瓷香炉。

图 12-06 南宋 龙泉窑鬲式炉
日本根津美术馆藏

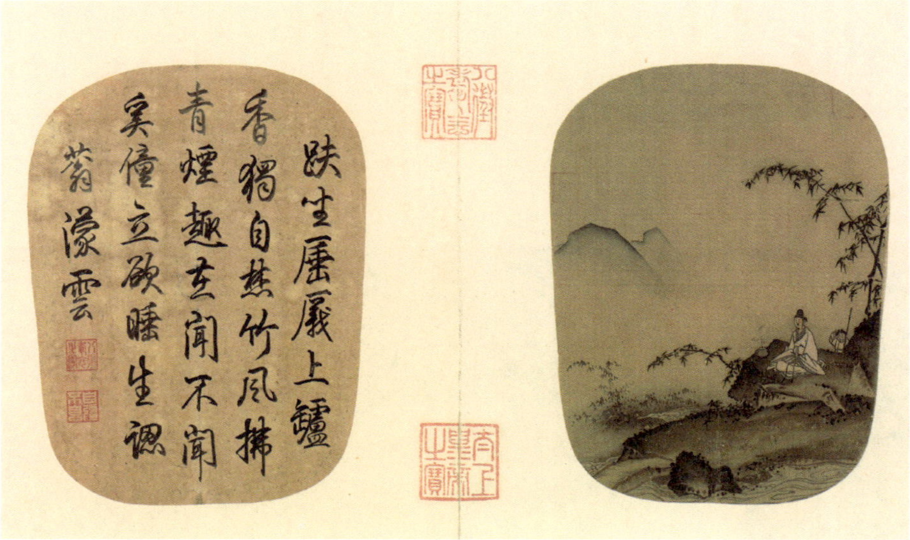

图 12-07-1 南宋 佚名《竹涧焚香图》
台北故宫博物院藏

宋代流行的焚香，跟我们现在的焚香有些不一样。先要将香料研磨成粉，加入蜂蜜，调成小丸，风干，宋人叫作“合香”。香炉内先放入用细叶杉木枝、松木枝或稻糠、枯蜀葵等烧成的灰，灰中浅埋透烧过的香炭饼，炭饼上放银或玉（云母）质隔火，宋代隔火多用银，称为银叶。叶上置合香，叶下的热量，使香味舒缓地散发，文人就在这香气氤氲的氛围里读书、品茶、弹琴。

台北故宫博物院所藏《竹涧焚香图》（图 12-07），描绘的正是文人雅士闲居独处时的焚香场景。一高士巾服盘腿静坐于临溪山石之上，旁有一簋式炉造型的香炉，香烟缭绕，一侍童立后，执杆搔首，神态绝妙。淡淡笔墨中，清香自现。正所谓：山不厌高，有人则灵；涧不厌小，有香则名。

刘松年的《松荫鸣琴图》（图 12-08），描绘了琴人于松荫

图 12-07-2 《竹涧焚香图》局部

之下抚琴，知音共赏的宁静画面。琴旁的香几上放置鼎式香炉，袅袅青烟更增添一份高雅的情趣和意境。

刘松年的另一幅读书图代表作《秋窗读易图》（图 12-09），图中水畔松岩之间，主人筑雅致小院而居，茅门、柴篱，开敞的客厅有屏风、鼓凳，书童在门口侍立，宽袍束髻的文士在敞开的窗前眼望溪山、展卷沉思，面前的桌案上既有打开的书页，也有摞着的书册，香炉和香盒也清晰可辨。

这几幅图中的香炉材质虽难辨别，但在宋代瓷质香具中都能见到相似的造型。

瓶花早在魏晋南北朝时期就已在我国出现，不过那时主要用作礼佛时的香花供养。到了宋代，插花已成为一项日常而大众化的活动，上至宫廷贵族，下至平民百姓都极爱插花。南宋《西湖老人繁胜录》中记载："初一日，城内外家家供养，都插菖蒲、石榴、蜀葵花、栀子花之类……虽小家无花瓶者，用小坛也插一瓶花供养，盖乡土风俗如此。寻常无花供养，却不相笑。惟重午不可无花供养。端午日仍前供养。"[1]插花能

[1] ［宋］孟元老等：《东京梦华录 都城纪胜 西湖老人繁胜录 梦粱录 武林旧事》，中国商业出版社 1982 年出版。

图 12-08 南宋 刘松年《松荫鸣琴图》
美国克利夫兰艺术博物馆藏

图 12-09 南宋 刘松年《秋窗读易图》局部
辽宁省博物馆藏

被列为“宋人四艺”之一，证明它不仅仅是一项生活日常，而且通过其讲究的选材、配色和用器，上升为一件具有艺术性的雅事。彼时的宫廷画家们也创作了不少清供画作，画中形态各异、大小不一的宋瓷花瓶，生动还原了宋人爱花的种种场景，也反映着时人的审美情趣。

故宫博物院所藏勾画纤细、设色淡雅的《胆瓶秋卉图》（图 12-10），据传出自一位女性画家之手，画中描绘一只胆瓶置于四方镂空的瓶架之中，瓶内插有数枝粉色菊花。画上宋宁宗赵扩所题诗句：“秋风融日满东篱，万叠轻红簇翠枝。若使芳姿同众色，无人知是小春时。”描绘的正是瓶中之花。花瓶在使用时一般都配有器座或瓶架，以起到稳定作用。有人从花瓶造型以及与菊叶同色判断，此胆瓶有可能是汝窑青瓷。

《药山李翱问答图》（图 12-11）描绘的是宋人笔下的唐人禅宗故事：朗州刺史李翱曾上药山问道于惟俨禅师，禅师伸出手指，上下一指，说了句：“云在青天水在瓶。”李翱听了，

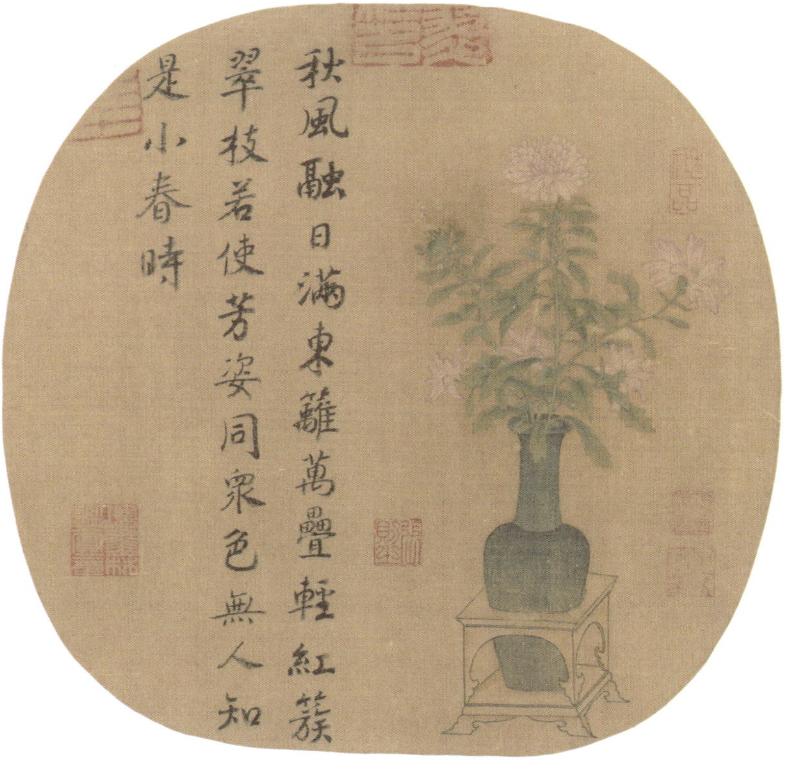

图 12-10 宋 佚名《胆瓶秋卉图》
故宫博物院藏

茅塞顿开，他当即提笔赋诗一首：“练得身形似鹤形，千株松下两函经。我来问道无余说，云在青霄水在瓶。”原来云就在天上，水就在瓶中；各安其道，各守其分，自得其所，这就是道。李翱就此开悟，下山后便解甲归田，过起了闲云野鹤的生活。药山禅师石桌上放置的经函与瓶梅，梅枝倒挂，为画面增添了几许禅意。此瓶式亦为胆瓶，也是宋人钟爱的花瓶样式，定窑、汝窑、官窑、龙泉窑等都有制作。（图12-12）

《五百罗汉图之阿弥陀佛画像供养》（图12-13）中，两位侍从正手捧插满荷花的白

图 12-11 南宋 马公显《药山李翱问答图》日本京都南禅寺藏

图 12-12 南宋 龙泉窑长颈瓶
日本私人收藏

图 12-13 宋代 《五百罗汉图之阿弥陀佛画像供养》
日本京都大德寺藏

图 12-14　宋《瑶台步月图》
故宫博物院藏

图 12-15 南宋 官窑觚 郊坛下窑址发掘出土修复
南宋官窑博物馆藏

色玉壶春瓶小心翼翼前去供奉。玉壶春是宋代陈设瓷中的经典，从形制上看实为胆瓶的放大版，常被作为分酒器使用，此图可作为其插花功能的实例。北宋曹组《临江仙》："青琐窗深红兽暖，灯前共倒金尊。数枝梅浸玉壶春。"亦是玉壶春瓶用于插花的例证。

宋代花瓶造型和香具一样，也有许多模仿三代铜器的作品。如《瑶台步月图》（图 12-14）中出现的花觚，其材质有可能就是铜质的，但也不排除瓷质的可能，因为觚在南宋官窑和南宋龙泉窑青瓷中属常见器型（图 12-15）。

"四般闲事"之外，一些佛教题材的宋画中也能发现瓷器的踪迹。比如这幅刘松年的《罗汉图》（图 12-16），画中一

图 12-16 南宋 刘松年《罗汉图》
台北故宫博物院藏

罗汉盘坐于椅子上，头顶佛光，姿态安详；前方站立一位头戴王冠、络腮长须、身着绣有精美图案皮袍的藩王，手捧宝盒，一脸凝重，盒中有神秘之物，似光芒又似气流从宝盒的空隙散出。藩王似乎是想通过进献宝物，请罗汉为其答疑解惑，得到解脱。只见罗汉左手持宝瓶，右手掐印，似是在念口诀，霎时一柱冲天光束从瓶口射出，颇为奇幻。

净瓶是佛教僧侣“十八物”之一，游方时可随身携带以贮水或净手。它源于古印度，后随佛教传入中国。瓷质净瓶流行于唐、宋、辽时期，常被作为重要的佛前供器。历史上定窑产品的佛缘很深，在河北省定县净众院、静志寺两座北宋塔基地宫中，曾经出土过 150 余件定窑瓷器，几乎涵盖了定窑瓷器的所有器型，其中就包括数件品质精良的白釉净瓶。

瓷器，这个独属于中国的原创文明，当它跨越千年沧桑岁月来到宋朝，是宋人进一步赋予了它雅的品质。就如同这些宋画里所描绘的，宋人的日常里少不了香、花和茶，而瓷器作为载体，与之互为依存，相互成就，为我们展现出宋人风雅生活的种种具象。

参考书目

余佩瑾．大观——北宋汝窑特展［M］．台北故宫博物院，2006.

宋画全集编辑委员会．宋画全集［M］．浙江大学出版社，2008.

北京艺术博物馆．中国古瓷窑大系［M］．中国华侨出版社，2012.

蔡玫芬．文艺绍兴——南宋艺术与文化特展［M］．台北故宫博物院，2010.

李军．千峰翠色——中国越窑青瓷［M］．宁波出版社，2011.

故宫博物院．定瓷雅集［M］．故宫出版社，2012.

扬之水．棔柿楼集·卷四：宋代花瓶［M］．人民美术出版社，2016.

浙江省博物馆．光致茂美——浙江出土宋元青白瓷［M］．中国书店，2018.

陈克伦．瓷器中国［M］．上海书画出版社，2021.

李纪贤．宋瓷之美［M］．人民美术出版社，2021.

邓小南，杨立华，王连起等．宋:风雅美学的十个侧面［M］．生活·读书·新知三联书店，2021.